JULIA MARIE SCHMOLL

Die Maschen der Narzissten

Erkennen, verstehen,
selbstbewusst
Grenzen setzen

Inhalt

Vorwort ... 4

Was ist Narzissmus? ... 7

Wie sich Narzissmus zeigt ... 8

Offener und verdeckter Narzissmus ... 12

Grundthemen des Narzissmus:
Geringer Selbstwert und extreme Eltern ... 15

Die Maschen von Narzissten erkennen ... 19

Scheinmissverständnisse erzeugen ... 20

Streit – »Alles deine Schuld« ... 33

Ständiges Auf- und Abtauchen ... 47

Schräger Humor ... 61

Passive Aggressivität ... 70

Komische Stimmungen verbreiten ... 81

Typische Sätze als Signal ... 93

Maschen von Narzissten in der Liebe ... 102

Maschen von Narzissten in der Familie ... 116

Dynamiken verstehen 131
Der Wiederholungszwang 132
Das Zusammenspiel von Narzisst und
Komplementärnarzisst 141

Souverän mit Narzissten umgehen 147
Selbstzweifel ablegen 148
Den eigenen Selbstwert stärken 157
Ängste überwinden 166
Maries Coaching:
Mut zu Veränderung und eigener Stärke 175

Literaturhinweise und Internetquellen. 188
Impressum 192

Vorwort

Gibt es in deinem Umfeld solche Menschen: Leute, die dich immer wieder nerven, die es regelmäßig schaffen, die Aufmerksamkeit auf sich zu ziehen, dabei schamlos Grenzen überschreiten und dich und andere schlecht dastehen lassen, indem sie unverschämte Witze machen? Unangenehme, komische Zeitgenossen, die versuchen, andere auszunutzen, und mit ihrem Verhalten immer wieder schlechte Laune verbreiten? Personen, die nicht müde werden zu betonen, wie einfühlsam und sensibel sie sind, denen es aber an der behaupteten Empathie in höchstem Maß mangelt? – Dann ist es wahrscheinlich, dass du es mit Narzissten zu tun hast.

Narzissten können einem das Leben ganz schön schwer machen. Viele Menschen erfahren dies und Narzissmus wird seit einigen Jahren zunehmend in der Öffentlichkeit thematisiert. Als ich 2016 dazu Blogbeiträge schrieb und YouTube-Videos erstellte, zählten diese zu den ersten aus Deutschland. Die Ursache dafür, dass das Thema Narzissmus medial weiter in den Fokus gerückt ist, sehen einige Menschen in der Zunahme des extremen beziehungsweise krankhaften Narzissmus in unserer Gesellschaft. Ein weiterer Erklärungsansatz ist, dass sich die Gesellschaft begünstigt durch Social Media in immer ungewöhnlichere Richtungen bewegt, was eine Entwicklung zu extremen und auch narzisstischen Sichtweisen unterstützt. Zu einer belegbaren Zu- oder auch Abnahme von Narzissmus gibt es jedoch laut der American Psychological Association keine validen Daten. (Dingfelder, 2011)

»Du Narzisst« ist in den letzten Jahren fast ein gängiges Schimpfwort geworden. Dabei gibt es den typischen Narzissten gar nicht und das erschwert es oft, Narzissmus und Narzissten in extremer Ausprägung zu erkennen. Zudem ist ein gesundes Maß an Narzissmus sogar wichtig für ein ausgeglichenes und glückliches Leben. Mangelt es an diesem, kann das negative Auswirkungen auf das eigene Wohlbefinden haben.

Aber wann ist dieses gesunde Maß voll? Wann auch die Grenze überschritten, dass Narzissmus das eigene Leben und das anderer negativ beeinflusst und vielleicht sogar schädlich wird? Dieses Buch gibt darauf Antworten.

Zunächst werden grundlegende Informationen über Narzissmus gegeben. Anschließend werden die Maschen von Narzissten und Sätze, die Narzissten typischerweise häufig verwenden, beschrieben sowie die Verhaltensweisen in Liebesbeziehungen und in der Familie ausführlich beleuchtet. So wird deutlich, wie sich extreme Narzissten im Alltag, in der Partnerschaft, im Job, in der Familie und in Freundschaften verhalten. Es wird zudem die Frage beantwortet, wieso es Menschen im Umfeld von Narzissten – wie vielleicht auch dir – schwerfallen kann, narzisstisches Verhalten zu erkennen und sich deutlich davon abzugrenzen. Im Weiteren schauen wir uns mögliche Dynamiken im Umgang mit Narzissten und ungesunde emotionale Abhängigkeiten an sowie deren Ursache und Entstehung. Damit ist die Basis gegeben, um selbst aktiv zu werden und sich selbst zu stärken. Mit vielen praktischen Tipps zeige ich, wie du Herausforderungen im Umgang mit Narzissten bestehen kannst und wie es dir gelingen kann, Selbstzweifel abzulegen und einen gesunden Selbstwert aufzubauen. Ich unterstütze dich zudem darin, dich auch dann weiterzuentwickeln, wenn du starke Abgrenzungsprobleme bei Narzissten hast. Du erfährst, wie du in Konfliktsituationen souverän reagieren kannst. Denn da wir nicht auf einer einsamen Insel leben, werden dir – wie uns allen – immer wieder extreme Narzissten begegnen.

Wundere dich übrigens nicht, wenn du beim Lesen plötzlich das Gefühl hast, ich kenne deine Nachbarin, Arbeitskollegin, beste Freundin oder sogar deinen Partner und deine Mutter, deinen Vater und deine Geschwister, oder du meinst, ich müsse doch heimlich in deinem Haushalt gelebt haben. Dem ist natürlich nicht so, doch Narzissten legen nun einmal ähnliche Verhaltensweisen an den Tag. Und solltest du dich bei den Beispielen gelegentlich auf der Seite des Narzissten wiedererkennen und dich fragen, ob du womöglich selbst ein extremer Narzisst bist, dann ist es hilfreich, sich mit den eigenen Dynamiken zu befassen. Vielleicht ist da auch irgendwo die Bereitschaft, etwas am eigenen Verhalten zu ändern.

Und denk immer daran: Bei mir gibt es keine Schwarz-Weiß-Sicht. Ein Punkt macht auch noch lange kein krankhaft narzisstisches Gegenüber aus, aber es macht dann wahrscheinlich Sinn, einmal genau hinzuschauen.

Ich wünsche dir, dass du durch die Lektüre hilfreiche Erkenntnisse über andere, aber auch über dich selbst sowie Stärkung und Sicherheit im Umgang mit Narzissten gewinnst.

Hast du weitergehende Fragen, Kritik oder Wünsche und möchtest du mehr über meine Coachingangebote erfahren, so wende dich gerne an mich: www.narzissmus-verstehen.de. Schau gerne auch auf meinem YouTube-Kanal »Narzissmus verstehen« vorbei.

Noch eines: Danke, liebe Kati, und danke, liebe Catharina!

Julia Marie Schmoll

Was ist Narzissmus?

Narzissmus ist oft schwer zu erkennen, zumal es die offene und die verdeckte Form gibt und Narzissten meistens »schon immer so sind«.

Wie sich Narzissmus zeigt

»Ist Narzissmus nicht völlig normal?« – »Ja und nein«, lautet die Antwort, »es kommt darauf an, wie ausgeprägt er ist.«

Der Begriff »Narzissmus« geht auf die griechische Mythologie zurück, auf die Geschichte von Narziss, der alle Verehrerinnen und Verehrer zurückwies und dafür von den Göttern mit unstillbarer Selbstliebe bestraft wurde. Narziss verliebt sich in sein eigenes Spiegelbild und stirbt an seiner Selbstliebe.

Umgangssprachlich meinen wir mit Narzissmus gewöhnlich eine ausgeprägte Selbstverliebtheit eines Menschen. Bezeichnen wir jemand als »Narzisst«, schwingt meistens eine negative Beurteilung der Person mit dem Wort mit; es wird häufig als Schimpfwort benutzt. Früher wurden solche Personen eher Schaumschläger, Egoist, Chauvinist, komischer Kauz, Eigenbrötler, merkwürdiger Typ, Zicke, eingebildete Schnepfe, Satansbraten, auch Zappelphilipp, Prinzessin auf der Erbse, Tyrann oder Bullshit talker genannt.

Doch diese Bezeichnungen weisen eine zu eindimensionale Sicht auf. Denn ein gesundes Maß an Narzissmus, also ein gewisser narzisstischer Anteil in der eigenen Persönlichkeit, ist gut und wichtig für das eigene Wohlbefinden. Die Fähigkeit, sich selbst Wertschätzung entgegenzubringen, ist an sich positiv. Nimmt der Narzissmus jedoch eine sehr extreme Ausprägung an, wird er bei einer Person zu stark und ver- und zerstörend für andere Menschen oder die betreffende Person selbst, dann verlässt die Person damit den

Ein gewisses Maß an Selbstverliebtheit ist gut und wichtig für jeden.

glücklich machenden und gesunden Bereich. Aber auch dann, wenn der persönliche Anteil am gesunden Narzissmus zu gering ist, kann dies für die betreffende Person schädlich beziehungsweise pathologisch werden und sie krank machen.

In diesem Buch verwende ich den Begriff Narzissmus für extremen Narzissmus. Das betrifft Personen, die in der Ausprägung des Narzissmus das normale Level verlassen beziehungsweise verlassen haben und in Richtung eines Zuviel gehen oder gegangen sind und sich mitunter auch bereits im krankhaften Bereich befinden.

Wissen: Narzissmus

Mit Narzissmus ist nicht immer der Extremfall, also nicht immer eine narzisstische Persönlichkeitsstörung gemeint. Narzissmus ist zunächst einmal ein Persönlichkeitsmerkmal, dessen Hauptmerkmale ausgeprägter Egozentrismus und Selbstbezug sind. Beides spielt für alle Menschen für ein glückliches Leben eine Rolle. (Brailovskaja/Bierhoff, 2012) Denn es kommt bei Narzissmus auf ein gesundes Maß des Auf-sich-selbst-bezogen-Seins an.

Eine extreme Ausprägung des Narzissmus beziehungsweise extremer Narzissmus kann mitunter allerdings eine Persönlichkeitsstörung bedeuten und das Leben der Betroffenen und des Umfelds erheblich beeinträchtigen.

Ein Mangel an Narzissmus kann die positive Entwicklung des Lebens jedoch ebenfalls hemmen. Dies ist beispielsweise der Fall, wenn man die eigenen Bedürfnisse permanent hinter alle anderen stellt und keine eigenen Wünsche und Bedürfnisse auslebt.

Ungesunder Narzissmus

In der ICD-10, *der International Statistical Classification of Diseases and Related Health Problems,* wird definiert, was eine narzisstische Persönlichkeitsstörung ist. Diese *Internationale statistische Klassifikation der Krankheiten und verwandter Gesundheitsprobleme* wird von der Weltgesundheitsorganisation (WHO) herausgegeben und dient der Bestimmung psychischer Erkrankungen. Die narzisstische Persönlichkeitsstörung ist als eigenständige Diagnose im DSM-5, *dem Diagnostic and Statistical Manual of Mental Disorders (DSM)*, einem Klassifikationssystem für psychische Störungen der USA, aufgeführt. In der ICD-10 ist es lediglich im Anhang unter den ausgewählten zusätzlichen Störungen zu finden.

Auch Laien gibt diese Definition einen ersten Überblick über die Merkmale des Narzissmus. Sind aus ärztlicher Sicht alle allgemeinen Kriterien für eine Persönlichkeitsstörung sowie mindestens fünf Punkte aus dem ICD-Code F60.80 (»narzisstische Persönlichkeitsstörung«) erfüllt, liegt laut dem ICD-10 eine narzisstische Persönlichkeitsstörung – also ein pathologischer Narzissmus – vor. Auf der folgenden Seite sind die Kriterien aufgeführt (zitiert nach Dilling und Freyberger, 2019, S. 349). Bitte beachte aber, dass eine gesicherte Diagnose ausschließlich durch entsprechend ausgebildete Ärzte erfolgen kann.

Narzissten kümmern sich wenig um die Wünsche und Bedürfnisse anderer. Es fehlt ihnen an Lebensfreude aus dem eigenen Inneren heraus, sie entsteht häufig nur dann, wenn sie sich in Größenfantasien hineinsteigern oder andere zu ihnen aufschauen. In Beziehungen weicht die extreme Begeisterung für andere spätestens dann der Langeweile, wenn die Realität des Alltags eintritt und es keine neue Nahrung – also narzisstische Zufuhr – für das instabile Selbstbewusstsein der Narzissten gibt. (Kernberg und Hartmann, 2015)

Wissen: Narzisstische Persönlichkeitsstörung laut ICD-Code F60.80

- »Größengefühl in Bezug auf die eigene Bedeutung (z. B.: die Betroffenen übertreiben ihre Leistungen und Talente, erwarten, ohne entsprechende Leistungen als bedeutend angesehen zu werden)
- Beschäftigung mit Fantasien über unbegrenzten Erfolg, über Macht, Scharfsinn, Schönheit oder die ideale Liebe
- Überzeugung, »besonders« und einmalig zu sein und nur von anderen besonderen Menschen oder solchen mit einem hohen Status (oder von entsprechenden Institutionen) verstanden zu werden oder mit diesen zusammen sein zu können
- Bedürfnis nach übermäßiger Bewunderung
- Anspruchshaltung; unbegründete Erwartung besonders günstiger Behandlung oder automatische Erfüllung der Erwartungen
- Ausnutzung von zwischenmenschlichen Beziehungen, Vorteilsnahme gegenüber anderen, um eigene Ziele zu erreichen
- Mangel an Empathie; Ablehnung, Gefühle und Bedürfnisse anderer anzuerkennen oder sich mit ihnen zu identifizieren
- häufiger Neid auf andere oder Überzeugung, andere seien neidisch auf die Betroffenen
- arrogante, hochmütige Verhaltensweisen und Attitüden.«

Narzissmus wird in zwei Formen unterteilt, die sich in der Sichtbarkeit der narzisstischen Merkmale unterscheiden: in den offenen und verdeckten Narzissmus.

Offener und verdeckter Narzissmus

Verdeckte Narzissten sind nicht weniger anstrengend für andere als offene Narzissten. Sie sind aber besonders schwer erkennbar.

Narzissmus wird in zwei Formen unterteilt, die sich in der Sichtbarkeit der narzisstischen Merkmale unterscheiden: in den offenen und den verdeckten Narzissmus.

Offene Narzissten sind Menschen, die in der Öffentlichkeit direkt mit dem Begriff »Narzisst« in Verbindung gebracht werden. Man hat spontan ein bestimmtes Bild von der Person im Kopf: ein lauter Mensch, der den Raum betritt und sofort durch seine Lautstärke auffällt, extravagante Kleidung trägt und Präsenz ausstrahlt. Jemand, der sich permanent in den Vordergrund schiebt. Der innerhalb kürzester Zeit sämtliche Bekanntschaften um sich schart und in Partygesellschaften ein *»ozeanisches Gefühl«* auslöst und diese *»in Schwingung«* versetzt. (Willi, 2014)

Auf den ersten Blick konträr hierzu verhalten sich verdeckte Narzissten. Sie sind eher ruhig und leise, agieren im Hintergrund. Verdeckte Narzissten sind aber nicht weniger anstrengend für ihr Umfeld als offene Narzissten. Das Perfide ist, dass sie eben nicht einfach erkennbar sind. Warum das so ist, werde ich dir im Folgenden zeigen. Zunächst stelle ich dir weitere Merkmale des offenen Narzissten vor (nach Kernberg/Hartmann, 2015).

Offener Narzissmus

Offene Narzissten fantasieren über besonderen Erfolg. Sie haben viele oft oberflächliche Beziehungen. Beruflich sind sie sehr fleißig. Sie verfolgen unablässig das Ziel, vom Umfeld bewundert zu werden. Sie können sich für sozialpolitische Belange begeistern, haben häufig Affären und können sexuell sehr ungehemmt sein. Durch ihre Begeisterung für Sprache, mit der sie andere beeindrucken wollen, führen sie oft stundenlange – narzisstische – Monologe. Diese drehen sich primär um sie selbst, um vermeintliche Erfolge und um ihr besonderes Wissen.

Narzissten bekämpfen auserkorene Gegner – beispielsweise Konkurrenten, die eine Bedrohung für sie darstellen – in vielen Fällen gnadenlos; das imponiert manchen Menschen. Für diese sind die offenen Narzissten dann sogar Vorbild dafür, besonders gnadenlos, furchtlos, entschlossen und unabhängig zu sein. Narzissten wirken teilweise sehr radikal, kompromisslos und unerschrocken. So werden sie nicht selten in den Augen ihrer treuen Anhänger zum Märtyrer, Kämpfer für die Opfer der Feinde und zum Vorbild. Menschen, die ihnen folgen oder sich mit ihnen umgeben, identifizieren sich teilweise sogar aus einer eigenen narzisstischen Veranlagung heraus mit dem Narzissten (siehe hierzu Willi, 2014).

Verdeckter Narzissmus

Verdeckte Narzissten sind häufiger in der auf den ersten Blick eher aufopfernden und helfenden Rolle zu finden. (Kernberg/Hartmann, 2015) Sie agieren versteckt hinter den Kulissen und nicht in der ersten Reihe. Deshalb sind sie oft beispielsweise im Cybermobbing aktiv oder bei Hilfsorganisationen zu finden (was nicht bedeutet, dass jeder, der sich engagiert, auch ein Narzisst ist). Sie sehen sich selbst nicht selten als »gefallener Engel« oder »Aschenputtel« beziehungsweise als Opfer ihres Umfeldes.

Verdeckte Narzissten sind chronisch neidisch. Nicht nur auf den Besitz anderer, sondern auch auf das, was andere können und wissen. Ihnen fehlt der Blick für die Ästhetik. Da es ihnen an gutem Geschmack und Ideen mangelt, wirkt vieles künstlich und nachgemacht. Nicht selten imitieren oder kopieren sie Menschen oder deren Auftreten und Tun oder hängen sich als Trittbrettfahrer an Erfolge anderer.

Verdeckte Narzissten sind oft Nachmacher, weil sie selbst keinen guten Geschmack und keine Ideen haben.

Wie offene Narzissten lügen auch verdeckte Narzissten, erfinden beeindruckende Geschichten und verdrehen die Realität. Wenn ihre Lügen auffliegen, reagieren verdeckte Narzissten nicht einsichtig, sondern bissig. Werden sie mit ihrem Verhalten konfrontiert, werden sie aggressiv.

Wenn es vorteilhaft für sie ist, sind Narzissten schnell bereit, wie ein Fähnlein im Wind ihre Anschauungen zu ändern. Gehen sie heute noch für den Klimaschutz auf die Straße und verurteilen Ressourcenverschwendung, steigen sie schon morgen in den Dieseloldtimer oder nutzen den Billigflieger für einen Wochenendtrip nach Venedig: »Der Flug war so günstig!«

Verdeckte Narzissten mögen es, wenn andere sie bitten: Ob sie im Familienalltag zum Essen gerufen werden oder es um eine Einladung von Freunden geht – sie möchten noch einmal gesondert gebeten werden.

Der Lebensstil verdeckter Narzissten ist materialistisch, besonders gegenüber anderen sind sie geizig. Sie neigen zu passivaggressivem Verhalten.

Verdeckte Narzissten können sich nicht gut in andere Menschen hineinversetzen, sondern haben eher einen Mangel an Empathie. Sie halten sich selbst oft für hochsensibel und suggerieren anderen gerne, sich besonders gut in ihre Mitmenschen hineinfühlen zu können. Doch das ist nicht der Fall. Bei genauerer Betrachtung sind sie durchaus empfindlich, aber – bedingt durch ihren unsicheren Selbstwert – vor allem dann, wenn andere Menschen sie oder ihr Verhalten kritisieren.

Grundthemen des Narzissmus: Geringer Selbstwert und extreme Eltern

Narzissten ist ihr eigenes Verhalten meist ebenso unerklärlich wie anderen. Oft stehen zwei Grundprobleme dahinter.

Warum prägen manche Menschen solche narzisstischen Verhaltensweisen aus? Letztlich ist jede Entwicklung höchst individuell und deshalb gibt es auf diese Frage keine allgemeingültige Antwort. Zweierlei trägt allerdings oft zu extremem Narzissmus bei: geringer Selbstwert und eine narzisstische Mutter oder/und ein narzisstischer Vater.

Geringer Selbstwert

Die narzisstische Persönlichkeitsstörung ist nach Falkai/Wittchen (2018) durch ein schwankendes und verletztes Selbstwertgefühl gekennzeichnet, das sehr brüchig sein kann und mit einem ungesicherten Selbstgefühl einhergeht (Willi, 2014). Bei Menschen mit extremem Narzissmus wird das eigene Selbst ebenfalls als wertlos erlebt. Der Grund dafür ist Scham. Narzissten kompensieren ihren geringen Selbstwert durch eigene Überschätzung. Werden sie mit der Realität konfrontiert, entlädt sich das nicht selten in narzisstischer Wut. (Kernberg/Hartmann)

Durch den empfundenen geringen Selbstwert sind sie zutiefst unsichere Menschen. Sie können deshalb Partner nicht als gleichberechtigte Personen auf Augenhöhe wahrnehmen. Für sie sind diese oft nur »narzisstische Objekte«, also die eigene Erweiterung. Diese Partner sollen sie schmücken, erhöhen, die innere Leere füllen und sie ergänzen. (Willi, 2014) Um das zu erreichen, wenden sie ihre Maschen an.

Narzissten versuchen oft, der Allerbeste zu sein, um anderen Menschen keine Angriffsfläche zu bieten. Um sich selbst besser zu fühlen, ist es für Narzissten legitim, andere Menschen abzuwerten und unverhältnismäßig zu kritisieren, obwohl sie selbst sehr empfindlich darauf reagieren. Offene Narzissten werten öffentlich ab, verdeckte Narzissten machen dies durch Sticheleien und passiv-aggressives Verhalten.

Aus Sicht von Narzissten kann sich jeder nur auf sich selbst verlassen. Es ist für Narzissten äußerst wichtig, keinesfalls ihre eigene Eigenständigkeit aufzugeben. Sie wollen nicht kontrolliert werden und nicht abhängig sein. Deshalb lassen sie keine wirkliche Nähe zu. Sie selbst üben aber gerne Kontrolle auf andere aus. (Willi, 2014) Narzissten wollen um jeden Preis Anerkennung für ihre Leistungen bekommen.

Sie überschätzen häufig ihre eigenen Fähigkeiten und unterschätzen zugleich andere Menschen. Ziel ihres Handelns ist es, ein Scheitern um jeden Preis zu vermeiden. Oft scheitern sie gerade durch die eigene Fehleinschätzung.

Extreme Eltern

Extreme Narzissten kümmern sich häufig zu sehr um ihr Kind oder sie vernachlässigen es. Tendieren sie dazu, ihr Kind zu sehr zu verwöhnen, es wie einen Prinzen oder eine Prinzessin auf ein Podest zu heben und ihm keine gesunden Grenzen zu setzen, erhält es keine angemessene Spiegelung seines Verhaltens und kein realistisches Feedback. Sogenannte »goldene Kinder« wachsen heran und die Verherrlichung im Kindesalter kann die Entwicklung narzisstischer Persönlichkeitszüge begünstigen.

Wissen: Das goldene Kind

In ein »goldenes Kind« projiziert die Mutter oder der Vater eine selbst ersehnte Großartigkeit. Dafür wird es finanziell und materiell äußerst gefördert und ständig auf ein Podest gestellt. Von den Eltern scheinbar geliebt und angehimmelt, werden schon kleinste Leistungen oder Errungenschaften wie eine Mondlandung gefeiert.

Es besteht häufig keine Grenze zur Mutter oder zum Vater, somit ist das Kind die Erweiterung der oder des Erwachsenen und es handelt deshalb wie eine Marionette dieser.

Narzisstische Eltern, die ihr Kind nicht nur emotional, sondern durchaus offensichtlich vernachlässigen, weisen ihrem Kind zudem oft die Rolle des Sündenbocks zu. Sie kümmern sich kaum um ihr Kind und entwerten es immer wieder innerhalb der Familie und vor anderen.

Wissen: Der Sündenbock

Auf den Sündenbock projizieren narzisstische Eltern alle negativen Eigenschaften, Krankheiten und Misserfolge, er macht scheinbar nichts richtig. Geld wird bei ihm nur für das Nötigste ausgegeben, er wird nicht gefördert. Das schwarze Schaf soll keine Erfolge haben. Das, was das Kind nicht kann, wird fokussiert. Diese Kinder sind eher gehemmt, scheu oder auch bescheiden. Sie reagieren sehr sensibel und empfindlich auf Äußerungen anderer, insbesondere auf Kritik und Kränkungen.

In beiden Fällen erhalten die Kinder zu wenig beziehungsweise keine Liebe, Nähe und Wärme, keine Geborgenheit und keine emotionale Sicherheit. Narzisstische Eltern sind emotional kaum oder gar nicht erreichbar, häufig auch physisch sehr wenig anwesend oder mit anderen Dingen beschäftigt und haben wenig Interesse an ihrem Kind. Kinder narzisstischer Eltern verkümmern dadurch emotional, im schlimmsten Fall erfahren sie auch körperliche Misshandlung. Es fehlt diesen Kindern das wichtigste Element zu ihren Bezugspersonen: die enge Bindung. Schon auf Säuglinge und Kleinstkinder kann die Unerreichbarkeit und mangelnde Bindung erhebliche Auswirkungen haben. Sie werden ständig überfordert, statt dass die Eltern ihnen dabei helfen, mit Misserfolgen umzugehen zu lernen. (Siehe hierzu Kernberg/Hartmann, 2015)

So wird extremer oder krankhafter Narzissmus nicht selten an die nächste Generation weitergegeben. Doch dies muss nicht zwangsläufig so sein. Unterstützend für Kinder narzisstischer Eltern können emotional erreichbare, bindungsfähige Menschen wie beispielsweise Erziehende oder Lehrpersonen oder Personen im Sporttraining sein.

Mit zunehmendem Alter und einer wachsenden Eigenständigkeit wächst das eigene Vermögen, ungesunde Verhaltensweisen anderer und auch bei sich selbst zu erkennen, zu hinterfragen und zu ändern, wenn man sich diese bewusst macht.

Dieser Schritt kann Angst machen, da er in letzter Konsequenz auch Beziehungen infrage stellt. Er bietet aber die große Chance, trotz eines schwierigen Starts ins eigene Leben und einer Niete bei der »Eltern- und Familienlotterie« doch noch aus eigener Kraft einen glücklicheren Weg einzuschlagen. Im letzten Kapitel wird es auch darum gehen, wie die Herausforderungen aussehen und wie du die emotionalen Hürden bewältigen kannst. Doch zunächst schauen wir uns die Verhaltensweisen der Narzissten genau an.

Die Maschen von Narzissten erkennen

Wer weiß, wie Narzissten agieren, und Klarheit über die eigene Rolle im Miteinander gewinnt, kann lernen, ihnen auf Augenhöhe zu begegnen.

Scheinmissverständnisse erzeugen

Missverständnisse gehören zum Alltag. Jeder kennt das: Termin falsch gemerkt oder schlichtweg vergessen. Fehler sind verdammt menschlich. Doch wenn dir das mit jemand ständig passiert, ist das ein Alarmsignal.

Scheinmissverständnisse als solche zu erkennen ist nicht einfach, wiederholen sich diese mit jemand häufig in ähnlichen Situationen, sollte uns das aufmerksam machen.

Fallbeispiel Susanne

Immer wieder gibt es mit meiner Freundin Susanne Missverständnisse! So auch neulich, als ich sie und Leon anlässlich meines Geburtstags zum Essen eingeladen hatte. Ich hatte den Tisch für 20:30 Uhr reserviert und saß da also ab 20.30 Uhr mit Leon. – Keine Susanne da. Es wurde 21 Uhr, keine Reaktion auf Anrufe. Wir warteten. 21:15 Uhr: Der Kellner wurde ungemütlich, mein Magen knurrte. »Noch 5 Minuten«, bat ich den Kellner trotzdem. Es dauerte weitere 30 Minuten. Kurz vor 21:30 Uhr kam Susanne. Keine Entschuldigung, nur ein »Hallo, meine Liebe – ach, der Verkehr! Zum Glück bin ich heute mal fünf Minuten früher raus.« – »Wie, früher?«, fragte ich, »20:30 Uhr waren wir verabredet.« – »Ach Quatsch«, sagte sie. Ich zeigte ihr die WhatsApp-Nachricht, in der 20:30 Uhr stand. »Du hast immer von 21:30 Uhr geredet«, sagte sie. »Du bist wohl schon ganz durcheinander, jetzt, wo du 40 bist«, lachte sie und fügte hinzu: »Aber lasst uns endlich bestellen, ich habe Hunger!« Susanne war sich wie immer keiner Schuld bewusst und ich ärgerte mich mal wieder still in mich hinein.

Treten solche Missverständnisse auf, fragen wir nach dem Warum – und suchen die Ursache typischerweise zuerst bei uns selbst: Habe ich den Termin jetzt falsch gespeichert? Habe ich mich unklar ausgedrückt?

Solche Situationen können stark verunsichern. Doch wenn es diese Susanne-Momente öfter gibt und Susanne die Schuld dafür immer wieder auf dich überträgt, dann liegt es nicht an dir: Du hast es wahrscheinlich mit einer Narzisstin zu tun. Denn mit Narzissten gerät man immer wieder in solche Situationen.

Achte auf wiederkehrende Themen!

Bei bestimmten Themen treten Scheinmissverständnisse, also von Narzissten absichtlich erzeugte Missverständnisse, besonders häufig auf:

Der Umgang mit der Zeit anderer Menschen
Die Missachtung der Zeit anderer Menschen ist ein typisches Merkmal von Narzissten. Deshalb treten die scheinbaren »Missverständnisse« häufig bei Verabredungen oder Plänen mit Narzissten auf. Sei es im privaten oder beruflichen Kontext: Immer wieder heißt es dann, man habe die Dinge »falsch verstanden« oder »nicht richtig zugehört« wie oben in Susannes Beispiel.

Das liebe Geld
Narzissten bezeichnen Geld oft als »schnöden Mammon« und geben sich auch so, als wäre es nicht so wichtig. Dabei ist es bei näherem Hinsehen oft genau umgekehrt: Geld hat für Narzissten mitunter einen enorm hohen Stellenwert, denn sie neigen dazu, Dinge und Personen zu bewerten. Wer ständig Dinge und Menschen in Gut oder Schlecht einteilt, überträgt dies auch auf das Thema Geld. Geld dient vielen Narzissten zur Bewertung von Menschen: Mit dem Vermögen steigt in den Augen

von Narzissten automatisch der Wert des Gegenübers, unabhängig von dessen Verhalten und Handeln. Da dieses Thema eine große Bedeutung für Narzissten hat, gehe ich hierauf ausführlich ein.

Narzissten mögen Geld und offene Narzissten stellen oft Geld und Luxus zur Schau. Verdeckte Narzissten gehen da einen subtileren Weg: Sie betonen ständig, dass sie viel zu wenig Geld haben, obwohl häufig das Gegenteil der Fall ist. So versuchen sie, sich finanzielle Vorteile und Support zu verschaffen.

Für Narzissten ist Geld Macht.

Geld bedeutet für Narzissten auch Macht. Sie sitzen beim Thema Geld gern am Hebel, möchten die Haushaltskasse kontrollieren oder lassen sich in den Finanzvorstand des Vereins wählen. Mitunter sehen sie sich selbst als Geldexperten, obwohl sie es häufig durchaus nicht sind. Geld geben sie nicht gerne für andere aus, sondern am liebsten und ausschließlich für sich selbst. Sie erwarten aber trotzdem, dass andere Geld für sie ausgeben, weil das den geringen Selbstwert der Narzissten steigert. Sie möchten zugleich gerne als großzügig im Hinblick auf Geld angesehen werden, sind es aber meistens nicht.

Diese mitunter maßlose Geldbesessenheit der Narzissten liegt oft darin begründet, dass sie in der Vergangenheit, besonders der Kindheit, die Erfahrung gemacht haben, zu kurz gekommen zu sein: Sie haben auch ganz einfache Dinge nicht oder zu wenig bekommen. Beispielsweise mussten sie, obwohl die Eltern vermögend waren, stets gebrauchte Kleidung der Geschwister tragen, während die Eltern in teuren Boutiquen einkauften. Eine solche Erfahrung kann tief sitzen und nachwirken. Geld zu haben bedeutet für Betroffene, nicht mehr in der Rolle des Zu-kurz-Gekommenen zu sein. Dabei reicht es nicht aus, ein gutes Auskommen erlangt zu haben. Sie jagen dem Geld unablässig hinterher, vielleicht auch um das Gefühl, benachteiligt zu werden, und aufkommende Existenzängste zu unterdrücken, aber auch, um dadurch Anerkennung für ihr fragiles Selbst zu erfahren.

Wer solche Erfahrungen machen musste, läuft Gefahr, Neid auf andere zu entwickeln, die mehr haben.

Sogar wenn Narzissten selbst genug Geld haben, gönnen sie anderen Menschen Besitz und auch Lebensfreude nicht. Um einen solchen tief empfundenen Neid loszuwerden, versuchen Narzissten oft, andere Menschen auszunutzen und sich eigene Vorteile zu verschaffen. Zudem verkehren sie möglichst »nur in den besten Kreisen« und mit aus ihrer Sicht besonderen Menschen, mit berühmten, gut angesehenen und vermögenden Menschen. Manche Narzissten suchen sich gezielt entsprechende Freundeskreise, in der Hoffnung, dass ihr Ansehen davon profitiert und dass sie lernen, ebenfalls an Geld zu kommen. Denn Narzissten können gute Faktoren bei anderen erkennen, sie beneiden diese darum und wollen sie sich selbst aneignen. (Kernberg, 2015, S. 271)

Narzissten sind oft neidisch und ihr Neid wird häufig zu einem Motor für schlechte Verhaltensweisen.

Narzissten können beim Thema Geld auch in den bösartigen Bereich gehen und einen regelrechten Hass entwickeln, sei es etwa im Kontext einer Scheidung oder Erbschaft. Zudem sind Drogen-, Alkohol- oder Sexsucht bei Narzissten keine Seltenheit. Diese sind sehr kostspielig und müssen finanziert werden. Um an Geld zu kommen, schlagen Narzissten in solchen Situationen häufig den Weg der scheinbaren Missverständnisse ein.

Häufige Scheinmissverständnisse sollte man keinesfalls unterschätzen. Denn wer jahrelang im engen Umfeld mit einem Narzissten zu tun hat, kann dadurch in eine Negativspirale von zunehmendem Selbstwertverlust und unter Dauerdruck geraten.

Scheinmissverständnisse können Dauerdruck und Selbstwertverlust zur Folge haben.

Fallbeispiel Jonas und Sabine

»Hattest du nicht gesagt, dass du das diesmal übernimmst? Ich bin mir ganz sicher!«, sagte ich. Die Frau hinter der Rezeption starrte mich ungläubig an. Das war nicht das erste Mal, dass Sabine mich so bloßstellte. Immer wieder hatten wir darüber gesprochen, dass ich nicht für alles zahlen kann. Am Ende gab ich meistens nach und fühlte mich schlecht und bekam ein schlechtes Gewissen für mein Verhalten, denn irgendwie hatte sie doch recht. Ich hatte geerbt und erlaubte mir ab und zu etwas. Sabine war ständig pleite beziehungsweise gab ihr Geld mit beiden Händen aus. »Männer müssen Frauen schon mal einladen«, »Männer müssen der Frau auch was bieten«, waren ihre Ansichten und auch die ihrer Freunde. Dabei war ich immer sehr großzügig, aber wenn ich ihr nicht freiwillig gab, was sie wollte, hatte ich oft das Gefühl, sie versuchte es sich zu holen, indem sie vor anderen Menschen solche für mich peinlichen Scheinmissverständnisse initiierte. Zugleich sagte sie von sich selbst oft, dass sie ein unglaublich sensibler und auch großzügiger Mensch sei. Bedankt hat sie sich aber nie, für sie war das alles selbstverständlich.

Geschäfte mit Narzissten

Auch im Geschäftsleben kann der Narzisst zum eigenen Vorteil Missverständnisse initiieren. »Kannst du das machen?«, »Hast du da mal eine Idee«, fragt er so zwischen Tür und Angel. – »Aber du weißt, dass ich dir das dann in Rechnung stellen muss?« – »Na klar weiß ich das, du bist ja nicht billig.« Eine schriftliche Vereinbarung wird nicht gemacht, »ist unter Freunden nicht nötig«. Schnell wird der Auftrag für den Narzissten erledigt und er soll die Kosten begleichen. Doch plötzlich wird es schwierig: »Das habe ich aber so nicht gemeint«, »Ist doch eine Dienstleistung unter Freunden, ich mache auch mal was, wenn du mich brauchst«, entgegnet der Narzisst. Oder: »Gerade habe ich mit anderen Auftraggebern Ärger. Wenn da Geld kommt, melde ich mich bei dir.«

Es ist besonders Menschen mit geringem Selbstwert unangenehm, jemand auf eine ausstehende Zahlung anzusprechen. Man fragt sich: Bin ich vielleicht zu kleinlich? Haben wir das wirklich vereinbart? Man denkt sich: So viel Aufwand war es ja auch nicht. Wir verstehen uns doch gut. Ist es das wert, dieses gute Verhältnis durch einen möglichen Konflikt zu gefährden? Gerade wenn man konfliktscheu ist, bleibt man nicht am Ball, schreibt das Geld ab – und so hat der Narzisst sich seinen Vorteil verschafft. Es bleiben das ungute Gefühl, ausgenutzt worden zu sein, und Gefühle wie Wut, Ärger und Enttäuschung. Die Beziehung hat einen bitteren Beigeschmack, auch weil man selbst merkt, dass man zu feige war, das Versprochene einzufordern.

Gemeinsame Planung

Scheinmissverständnisse können erhebliche Folgen haben, wenn es um die langfristige gemeinsame Planung geht, um die Lebensplanung: Wie und wo wollen wir leben, wer arbeitet wie viel, wer übernimmt welche Haushalts- und Familienpflichten? Es kann passieren, dass ein Paar beschlossen hat zusammenzuziehen und der Narzisst sich kurz vor der Besichtigung daran nicht mehr erinnert.

Sind Dritte oder Kinder im bösen Spiel, ist es oft sehr schwer, die Situation zu klären.

Schwerwiegender noch sind absichtlich herbeigeführte Missverständnisse, wenn es nach einer Trennung um die Betreuung der Kinder geht. Da holt plötzlich der Expartner die gemeinsame Tochter vom Kindergarten ab, obwohl es anders vereinbart war. Oder die Expartnerin lädt Nachbarskinder zum Töpfern ein, obwohl der Vater am Nachmittag sein Kind abholen kommt, um es zur lange angekündigten Geburtstagsfeier der Oma zu bringen. Solche Situationen führen zu inneren Konflikten: Einerseits will man Kontakt zum Kind, andererseits möchte man sein Kind nicht aus der Situation herausreißen. Dann fällt es sehr schwer, dem Expartner oder der Expartnerin Grenzen zu setzen.

Nicht minder herausfordernd ist es, für die eigenen Belange einzustehen, wenn man fürchtet, den Partner deshalb zu verlieren. Darauf komme ich im Kapitel »Souveräner Umgang mit Narzissten« zurück.

Auch Freizeit- und Urlaubsplanungen mit Narzissten führen häufig zu bösen Überraschungen, weil sie Verabredungen nicht einhalten.

Fallbeispiel Lisa und Tim

Lisa wollte den seit einem halben Jahr geplanten Kurztrip zum Klettersteig buchen – doch plötzlich meinte ihr narzisstischer Freund Tim verblüfft: »Wie, wir fahren an dem Wochenende an die Mosel? Ich fahre da zu meinen Eltern, das weißt du doch. Meine Mutter wollte, dass ich unbedingt da bin, wenn meine Schwester kommt.« – »Aber das haben wir doch vor Ewigkeiten besprochen, schau mal, das steht sogar in unserem Kalender«, sagte Lisa. – »Ich weiß nicht, wie du darauf kommst und wann du das eingetragen hast. Ich fahre zu meinen Eltern, oder willst du etwa wieder meine Eltern enttäuschen?«, entgegnete Tim.
So war es oft bei den beiden: Lisa freute sich auf etwas und Tim wusste plötzlich von nichts mehr, obwohl es verabredet war und im Kalender stand. Lisa war traurig, denn das besondere Wochenende war damit gelaufen. Als bei ihr Wut und Ärger hochkamen, fühlte sie sich gleichzeitig schlecht und intolerant. Da dachte sie: Man kann es auch in den Herbst schieben und die Familie geht bei Tim nun mal vor.

Doch bei Narzissten bleibt es nicht bei einem Missverständnis. Die Probleme wiederholen sich ständig, insbesondere wenn der betroffene Partner zu zurückhaltend ist und Angst hat, sich durchzusetzen, weil das vielleicht die Beziehung gefährden würde.

Bösartige Scheinmissverständnisse: Gaslighting

Es gibt eine extreme Art der Manipulation, die über das Alltägliche und Harmlose weit hinausgeht: Beim Gaslighting werden die Manipulierten absichtlich verwirrt und als psychisch instabil dargestellt, sodass sie zutiefst verunsichert werden können.

Wissen: Gaslighting

Beim Gaslighting werden die Manipulierten auf bösartige Weise absichtlich, wiederholt und über einen längeren Zeitraum verwirrt. Durch diese Art der psychischen Gewalt werden Menschen gezielt verunsichert und in ihrem Realitäts- und Selbstbewusstsein geschädigt.

Gaslighting bedeutet wörtlich »Gasbeleuchtung«. Der Begriff geht auf das Theaterstück *Gas Light* des britischen Autors Patrick Hamilton aus dem Jahr 1938 zurück, das mehrfach verfilmt wurde und erstmals diese Art der Manipulation thematisierte.

Ziel des Gaslighting ist es also, dass das Gegenüber zunehmend seine eigene Wahrnehmung infrage stellt. Das passiert durch Irreführung, Widerspruch, Lügen und Leugnen. So wird dem Betroffenen das Gefühl gegeben, dass er unzurechnungsfähig sei. Die Identität, der Selbstwert und das Selbstvertrauen der manipulierten Person sinken im schlimmsten Fall so weit, dass sie beginnt, an der eigenen psychischen Stabilität zu zweifeln.

Gaslighting ist häufig ein schleichender Prozess, bei dem für den Betroffenen nur schwer erkennbar ist, dass er einer Gehirnwäsche unterzogen wird. Oft wird er beim Versuch, die Dinge klarzustellen, der Lüge bezichtigt. Oder der Narzisst schaltet andere Personen ein, die die falsche Realität, also das Gaslighting unterstützen.

Der Narzisst will dadurch Macht über eine Person bekommen, ihr gezielt Schaden zufügen und sie emotional, körperlich oder finanziell kontrollieren. Gaslighting kann in Liebesbeziehungen genauso wie in Freundschaften und im Job vorkommen. Auch im Internet nutzen Trolle, die Menschen provozieren wollen, Onlinegurus oder Sektenführer das Gaslighting.

Erfolgreich ist Gaslighting insbesondere bei Menschen mit geringem Selbstwert, die leicht an ihrer Wahrnehmung zweifeln. Setzt jemand gleich Grenzen, stellt Tatsachen klar und bleibt fest bei sich und seiner Wahrnehmung, kommt das Gaslighting nicht zur Zündung. Diese Haltung zu stärken und sich nicht verunsichern zu lassen ist der Ausweg (mehr dazu ab Seite 157).

Typisches Verhalten von Narzissten bei Missverständnissen

Spricht man Narzissten auf das Missverständnis an und möchte es klären, was ja der erwachsene und gesunde Weg ist, kann man mit folgenden Reaktionen rechnen:

- Sie reflektieren ihr Handeln nicht.
- Sie gestehen keine Schuld ein und zeigen keine Einsicht.
- Sie übernehmen keine Verantwortung.
- Sie beharren auf ihrem Standpunkt.
- Sie ziehen das Gegenüber ins Lächerliche.
- Sie führen absurde Ausreden an.

Typische Entgegnungen sind:
- »Da musst du dich geirrt haben.«
- »Hast du wieder geträumt.«
- »Du mit deiner ständigen Fantasterei.«

- »Das habe ich nie gesagt.«
- »Du siehst nur dich.«
- »Aber ich hatte doch gar keine andere Wahl!«
- »Hast du wieder schlechte Laune, oder warum bist du so unentspannt bei dem schönen Wetter heute?«

Menschen mit geringem Selbstwertgefühl lassen sich davon schnell verunsichern und geben lieber keine Antwort – was Narzissten leider in die Hände spielt.

Die Wirkung von Scheinmissverständnissen auf Betroffene

Betroffene ärgert an dem Verhalten des Narzissten bei Missverständnissen, dass er keine Verantwortung für das Geschehen übernimmt, sondern diese auf das Gegenüber übertragen will. Dazu kommt häufig ein Gefühl der »Machtlosigkeit«. Susanne aus dem Beispiel oben bestreitet beispielsweise, zu spät gekommen zu sein – trotz des WhatsApp-Beweises.

Betroffene stellen sich oft selbst infrage und lassen sich die Verantwortung zuschieben.

Eine betroffene Person stellt sich – insbesondere wenn sie konfliktscheu und zu reflektiert ist und vielleicht auch über einen geringen Selbstwert verfügt – oft selbst oder ihre eigene Wahrnehmung infrage, kommt vielleicht sogar zu dem Ergebnis, dass sie selbst etwas falsch gemacht haben muss. Das Gegenüber fängt also an, sich Verantwortung vom Narzissten übertragen zu lassen – was das Gegenüber nicht muss und nicht sollte. Die Dynamiken, die dahinterstehen, erläutere ich ab Seite 131 in dem Kapitel »Dynamiken verstehen«.

In besonderer Weise problematisch wird es, wenn man eine narzisstische Person nicht so oft sieht: Man vergisst solche Vorfälle zu schnell und folgt lieber dem Motto »Schwamm drüber«, was dem Narzissten nur recht ist. Man neigt bei seltenen Begegnungen auch noch mehr als ohnehin dazu, »um des lieben Friedens willen« über solche Situationen hinwegzusehen oder sie wegzulächeln. Wütend ist man trotzdem: Wohin mit der Wut, dem Ärger und der Enttäuschung? All das geht auf eigene Kosten und schadet der Gesundheit.

Betroffene hegen häufig auch die Hoffnung, dass es sich bessert, wenn man nur genauer hinhört und entspannter reagiert.

Doch sogar wenn der Narzisst Besserung gelobt, wird es mit der Zeit häufig eher schlimmer als besser. Gerade dann, wenn man Themen schon mehrfach angesprochen hat, kann alles noch problematischer werden. Einladungen werden im Extremfall gar nicht beantwortet und Verabredungen nicht mal mehr abgesagt. »Habe nichts bekommen«, »Du musst mich wohl vergessen haben« oder »Ich kann mich daran überhaupt nicht erinnern«, heißt es dann. Zusätzlich negativ wirkt es sich aus, wenn man bereits oft mit Konsequenzen gedroht hat, diese aber aus Ängsten vor Konflikten nicht gezogen hat.

Je beharrlicher man ein Thema verfolgt, desto mehr wird der Narzisst Missverständnisse in dem Kontext erfinden.

Scheinmissverständnisse schaden anderen, nicht den Narzissten.

Missverständnisse, die von Narzissten initiiert werden, schaden anderen, nicht ihnen selbst. Das ist auf Dauer wahnsinnig anstrengend für das Umfeld und geht auf deren Kosten. Denn wo einer ständig zu viel Aufmerksamkeit möchte, muss ein anderer sich übermäßig zurücknehmen. Dann ist es keine Beziehung auf Augenhöhe mehr. Zudem verletzt ein solch abwertendes Verhalten das Gegenüber, führt zu schlechter Stimmung und kann, wenn eine Person über einen längeren Zeitraum einem Narzissten ausgesetzt ist, äußerst belastend sein.

In Kürze: Verunsicherung durch Scheinmissverständnisse

Narzissten wenden häufig die Masche an, Scheinmissverständnisse zu initiieren, um für sich einen Vorteil zu erzielen. Die Missverständnisse verunsichern das Gegenüber, der Narzisst macht die betroffene Person, die eine Klärung versucht, häufig zusätzlich lächerlich. Im Extremfall wendet der bösartige Narzisst die Manipulationsmethode »Gaslighting« an, um Macht und Kontrolle über die andere Person zu erlangen und zu sichern.

Typische Themen, bei denen Narzissten Scheinmissverständnisse herbeiführen, sind der Umgang mit der Zeit anderer Menschen, Geld, Geschäfte, Lebensplanung und alltägliche Verabredungen.

Der Narzisst torpediert in der Regel Versuche, Missverständnisse und damit verbundene Konflikte erwachsen zu klären. Oft liegt es in seinem Interesse, dass Situationen ungeklärt bleiben. Das Gegenüber macht sich dann oft noch länger Gedanken und der Narzisst hat somit einen Vorteil für sich generiert und kann seinen Selbstwert zumindest für eine gewisse Zeit wieder stabilisieren.

Narzissten sind dann leicht erfolgreich mit ihrer Masche, Scheinmissverständnisse zu erzeugen, wenn ihr Gegenüber ein geringes Selbstwertgefühl hat und Strukturen nicht klar geregelt sind. Diese Masche als solche zu erkennen ist wesentlich, damit Betroffene dem Narzissten nicht auf den Leim gehen.

Reality-Check: Wie ist das bei mir?

- ◇ Treten die Missverständnisse mit dieser Person häufiger als bei anderen Menschen auf oder gibt es sie nur bei ihr?
- ◇ Bist du ein Mensch, der klar kommuniziert, oder hast du Angst vor der Reaktion des Gegenübers?
- ◇ In welchen Situationen kommt es zu Missverständnissen und bei welchen Themen?
- ◇ Fragst du dich häufig, ob du zu sensibel bist, und hinterfragst du dich oft?
- ◇ Entschuldigst du dich häufig, weil du glaubst, etwas falsch gemacht oder missverstanden zu haben?
- ◇ Passieren Missverständnisse vorrangig dann, wenn es um deine Belange geht, und führt es zu einem immateriellen oder materiellen Schaden beziehungsweise stellt das Verhalten der bestimmten Person dich bloß?
- ◇ Wie reagiert die Person, mit der Missverständnisse geschehen, auf ein Feedback?
- ◇ Gibt es eine wirkliche Entschuldigung und Bereitschaft, sich zu ändern, und geschieht dies auch? Oder ist der andere beleidigt, schweigt oder überträgt dir die Verantwortung?

Maries Tipps

- ◇ Bleib innerlich bei dir und lass dich nicht verunsichern.
- ◇ Handele nach dem Motto »Klare Menschen haben klare Strukturen« und verlange klare Strukturen, wo diese notwendig sind: bei Geschäften jeglicher Art, im Beruf, ebenso privat, beispielsweise hinsichtlich Kinderbetreuung.
- ◇ Handele immer konsequent.
- ◇ Wenn Verabredungen nicht eingehalten werden, drohe nicht nur Konsequenzen an, sondern setze diese auch um.

Streit – »Alles deine Schuld«

Streiten ist mit Narzissten besonders schlimm. Augen auf, dann kannst du dich auf die typischen Streitsituationen und Streitmuster einstellen.

Wie aus dem Nichts brechen Narzissten plötzlich Streit vom Zaun, wegen Kleinigkeiten beginnen endlose Diskussionen und verlaufen oft unverhältnismäßig dramatisch. Der Streit endet für den Streitbeteiligten in einer »Fragezeichenwolke«, man steht fassungslos da: »Was war das denn, was ist denn da gerade passiert?« Man kann nicht begreifen, dass die andere Person sich so abwertend und grenzüberschreitend verhalten konnte. »Was habe ich nur wieder getan, dass wir nun in so einem riesigen Konflikt stecken?« Schuldgefühle treiben einen um, man grübelt über das Vorgefallene, kann nicht schlafen, arbeitet den Streit gedanklich immer wieder durch. Man bekommt es einfach nicht auf den Punkt, worum es eigentlich ging. Und der Narzisst versucht den Grund für die Auseinandersetzung vage zu halten.

So geht es vielen, die mit Narzissten zu tun haben. Denn auch beim Thema Streit gibt es in Beziehungen mit Narzissten typische Situationen und Muster. Im Folgenden erzähle ich anhand verschiedener Beispiele, worauf du vorbereitet sein solltest.

Typische Streitsituationen

Andere haben sich schlecht verhalten

Ein Streit mit Narzissten beginnt häufig damit, dass das Gegenüber sich aus Sicht des Narzissten nicht richtig – also nicht gemäß seinen Vorstellungen – verhalten hat. Dabei hat er häufig unrealistische Vorstellungen und er äußert sie nicht klar: Welche Dinge anderen erzählt werden dürfen, wie viel Zeit miteinander verbracht, wie die Kinder erzogen oder wie die Freizeit oder auch das gesamte Leben gestaltet werden soll – es kann um alles gehen. Dabei kann ein Verhalten gegenüber dem Narzissten in seinen Augen heute noch ganz okay sein und schon morgen ein schrecklicher Fehler. Das richtige Verhalten gegenüber einem Narzissten ist deshalb ein ständiger Eiertanz und man kann es dennoch niemals richtig machen. Zudem geht der Narzisst davon aus, dass die Menschen um ihn herum ahnen, erspüren oder irgendwie merken müssen, was er möchte – was ja faktisch niemand kann; wir sind ja alle keine Hellseher.

Diejenigen, die mit dem Narzissten zu tun haben, versuchen oft dennoch, das Unmögliche möglich zu machen. Immer wieder scheitern sie, trotzdem machen sie unaufhaltsam weiter und ziehen keine klaren Grenzen bis hin zur völligen Selbstaufgabe.

Fallbeispiel Eva und Maria

Eva und Maria lebten schon seit fünf Jahren zusammen. Heute waren sie auf einer Feier in der Nachbarschaft eingeladen. Die Stimmung war gut, man erzählte vom Urlaub und kam auf das Thema Wassersport zu sprechen. Maria war gelöst und erzählte, wie Eva sich im letzten Urlaub einen Jetski gemietet hatte und zunächst Probleme hatte, damit geradeaus zu fahren. Sie erzählte es liebevoll, nicht abwertend und auch Eva lachte über die Anekdote, die darin endete, dass sie bei voller Fahrt ins Wasser fiel. Nachdem sich die beiden später fröhlich verabschiedet hatten, waren sie kaum um die Ecke gebogen, als sich Evas Gesicht verfinsterte: »Spinnst du?«, zischte sie.

»Was ist los?«, fragte Maria erschrocken.

»Dass du mich so bloßstellst vor allen anderen!«, fauchte Eva.

»Was meinst du denn? Ich weiß überhaupt nicht, was du meinst«, sagte Maria.

»Na, dann denk mal scharf nach!«, sagte Eva und begann, Maria anzuschweigen. Sie schwieg auf dem Weg nach Hause, beim gemeinsamen Zähneputzen im Bad und auch im Bett. Maria schlief die ganze Nacht nicht, sie konnte das Ganze nicht zuordnen. Wie so oft. »Sag doch, was ich falsch gemacht habe«, bettelte sie Eva an. »Da sieht man mal wieder, wie unsensibel du bist«, sagte Maria – und schwieg weiter. Eva versuchte krampfhaft herauszufinden, woran es lag und was sie wieder einmal nicht richtig gemacht hatte. Sie kümmerte sich noch mehr als sonst um den Haushalt und übernahm alles, was Eva hasste. Nur damit sie wieder mit ihr sprach.

Irgendwann kamen die beiden durch einen Zufall wieder auf das Thema Jetski. Sie saßen im Auto. Nachdem Maria etwas schärfer bremsen musste, sagte Eva plötzlich: »Als wenn du es draufhättest mit irgendwas zu fahren.« Da fiel es Maria wie Schuppen von den Augen. »Du bist böse wegen der Jetski-Geschichte! Aber ich wollte dich doch nicht verletzen.«

Maria entschuldigte sich immer wieder. »Nerv mich nicht«, sagte Eva nur und schwieg weiter. Nach einer Woche – Maria war schon ziemlich mürbe – kam Eva nach Hause und redete ganz normal mit Maria. So, als wäre nie etwas gewesen.

Das Problem durfte nie wieder angesprochen werden. Das wusste Maria schon von den vielen früheren Streiten. Nur manchmal, auch nach Monaten, holte Eva das Thema wieder hervor, um einer Forderung Nachdruck zu verleihen und Maria ein schlechtes Gewissen zu machen.

Maria ging es schlecht. Es war alles so ungeklärt, irgendwie fühlte sie sich auch schuldig. Doch auf der anderen Seite war sie erleichtert und sie redete sich wie immer ein, dass es ja auch egal sei, denn das Wichtigste war ihr, wieder zur Normalität übergehen zu können. Bis es wieder von vorne losging. Aber Maria traute sich nicht, Eva zu sagen, dass sie so nicht mehr mit ihr umgehen sollte. Außerdem machte sie sich Vorwürfe, dass sie Eva so verletzt und es nicht einmal gemerkt hatte.

Wenn aus Kleinigkeiten etwas ganz Großes wird

Bestimmte Angewohnheiten, unterschiedliche Auffassungen von Sauberkeit, Haushalt, Kindererziehung, Lebensausrichtung, Geldfragen, Ansichten über andere Leute, Politik, Gott und die Welt: Es gibt in Beziehungen unendlich viel Diskussions- und auch Konfliktpotenzial. Doch nicht jede kleine Meinungsverschiedenheit muss sich zu einem Streit auswachsen. Wenn beide Partner auf Augenhöhe kommunizieren und auf den anderen eingehen, können die Dinge angesprochen und geklärt werden. Leider ist das bei Narzissten oft nicht möglich, denn sie möchten sich nicht auf den Partner und seine Wünsche einlassen und nicht auf einer Ebene mit ihm kommunizieren. Deshalb wird im Umgang mit Narzissten häufig aus einer Mücke ein Elefant.

Fallbeispiel Franzi und Philip

»Du liebst mich nicht, wer sich so verhält, der kann mich nicht lieben.« Wieder einmal begann ein Drama mit Franzi. Denn Philip wollte am Wochenende nicht mit Franzi in den Baumarkt fahren und ihr Wohnzimmer renovieren. Er wollte an dem Wochenende zu seiner Schwester, sie feierte ihren 30. Geburtstag. Der Termin für die Geburtstagsparty stand schon lange fest. Das wusste Franzi, aber sie hatte sich plötzlich in den Kopf gesetzt, genau dann zu renovieren. »Man hilft doch wohl seiner Freundin, wenn sie Hilfe braucht«, sagte sie. Seinen Einwand, dass er an dem Tag eben wegen des Geburtstags unterwegs sein würde, ignorierte sie. »Nie hast du Zeit für mich, wenn ich dich brauche, so jemanden brauche ich nicht an meiner Seite!«, sagte sie und legte auf.

Philip stand unter Druck. Was sollte er machen? Er wollte zu seiner Schwester, hatte alles geplant und gebucht, aber nun setzte Franzi ihm die Pistole vor die Brust. Philip war hin- und hergerissen. So gerne würde er Franzi mal sagen, dass er auch Wünsche hatte und diese auch berechtigt waren.

Liebe und Harmonie

Unbeschwertheit und Harmonie sind wichtig für den Körper und die Seele. Wenn man glücklich ist, wird neben dem »Glückshormon« Serotonin auch Oxitocyn, das auch das »Kuschelhormon« genannt wird, ausgeschüttet, wir empfinden Vertrauen und Geborgenheit, fühlen uns wohl an Körper, Geist und Seele. In gesunden Partnerschaften entstehen solche Gefühle, wir spüren Vertrauen und Nähe, die die Beziehung emotional wachsen. Leider ist dies in Beziehungen mit Narzissten häufig nicht der Fall, denn sie haben oft ein Problem mit Nähe und Bindung (siehe Seite 16). Deshalb kommt es gerade in solchen Momenten, in denen Harmonie und Geborgenheit herrschen, zu starken Konflikten.

Fallbeispiel Denise und Ole

Denise und Ole genossen ihren Skiurlaub, sie hatten relativ entspannte Tage, denn nach einer langen stressigen Phase zwischen den beiden war endlich ein wenig Harmonie aufgekommen. Bis zu dem Moment, als Denise und Ole am vierten Urlaubstag abends im Rahmen eines vom Hotel arrangierten Konzertabends an die Bar gingen. Denise brauchte in solchen Momenten einfach immer ihren Auftritt und die Aufmerksamkeit anderer. Da sie durchaus gut aussah und sich auffällig schminkte, bekam sie diese auch: Alle schauten sie an, als sie vom Kellner an die Bar gebracht wurden. Dort unterhielt sie sich wie immer sehr laut und lachte nach dem dritten Glas Wein noch lauter. Das störte die romantische Atmosphäre im Hotel und zunehmend die anderen Gäste, doch Denise drehte auf deren Blick und Raunen hin nur noch mehr auf. Irgendwann trat der Barkeeper mit der Bitte an die beiden heran, doch etwas leiser zu sein, da sich schon einige Gäste beschwert hatten. Denise trank noch mehr, kreischte noch lauter und erklärte für jeden hörbar: »Sind wohl alle etwas verklemmt hier!« Mit ihrem Smartphone spielte sie

laute Videos ab, sodass sich dem niemand entziehen konnte. Daraufhin forderte der Kellner sie auf, das Gespräch bitte in der Außenlounge weiterzuführen. Denise wankte unter lautem Protest hinaus: »Unmöglich, das bei vier Sternen, das wird mit ganz oben geklärt!« Ole war es peinlich, er entschuldigte sich kurz in die Runde und versuchte Denise zu beruhigen. »Zu wem hältst du, zu mir oder zu denen?«, fauchte sie nur.
Der Urlaub war ab dem Moment eine einzige Katastrophe. Das Hotel war Denise nicht mehr gut genug, die vielen Kinder nervten, überhaupt war Österreich nicht ihr Land, alle einfach zu unentspannt. Sie wertete alles ab. Es war nicht mehr ihre Küche, es war nicht ihre Welt. Ole und Denise verbrachten die letzten Tage fast schweigend zusammen, fuhren ihre Abfahrten, aber die Laune war im Keller. »Lass uns doch die Tage genießen«, bat Ole immer wieder. »Was du da wieder ausgesucht hast und dann stehst du nicht hinter mir. Das Ganze hier und du sind eine Enttäuschung«, schimpfte Denise.
Ole fühlte sich ausgelaugt, gestresst und schuldig, dieses Hotel ausgesucht zu haben und nicht mehr mit dem Manager über den Vorfall gesprochen zu haben.
Als die beiden aber wieder zu Hause waren, erzählte Denise plötzlich allen, dass der Urlaub einfach großartig gewesen sei, Österreich sei immer wieder eine Reise wert, nur das Hotel, das seien halt Anfänger – beim nächsten Mal nicht unter 5 Sternen!

Wieso man solche Situationen und Streite immer wieder akzeptiert, beschreibe ich im Kapitel »Dynamiken verstehen«. Jetzt schauen wir uns weiteres typisches Streitgeschehen mit Narzissten an.

Absichtliches Provozieren von Streit

Jeder von uns hat sensible Bereiche beziehungsweise Themen, die verunsichern, ängstigen oder auch wütend machen. Verlustangst, Eifersucht oder Geldsorgen können beispielsweise so ein ungutes Gefühl auslösen, es kann aber auch jedes andere Thema sein, dass eben individuell bedeutsam ist. In Paarbeziehungen oder in der Familie kennt man die »wunden Punkte« des anderen meist genau, da man sich darüber vertrauensvoll austauscht. Menschen, die es gut mit ihren Nächsten meinen, behandeln solche Informationen vertraulich. Wenn es doch einmal passiert, dass ein heikles Thema getroffen und ein anderer verletzt wurde, dann tut einem dies in der Regel leid. Man entschuldigt sich.

Narzissten zielen oft absichtlich auf die wunden Punkte anderer Personen.

Doch dies ist in Beziehungen mit Narzissten häufig nicht so. Das Gegenteil ist der Fall: Ein Streit wird von Narzissten absichtlich genau bei den Triggerthemen des Gegenübers provoziert. Oft äußern sie kleine Spitzen, die als Humor getarnt sind (mehr dazu siehe ab S. 61), oder machen unverständliche Andeutungen. Beispielsweise wird ein Partner, der Geldsorgen hat, vom Narzissten immer wieder mit merkwürdigen Aussagen verunsichert: »Na, mal schauen, wie lange ich meinen Job noch habe.« Fragt man nach, was das denn bedeuten soll, gibt es vom Narzissten keine weiteren Erklärungen. »Ist schon gut« oder »bleib mal locker« beunruhigt das Gegenüber nur noch mehr. Schon bei der zweiten Nachfrage wird die Diskussion hitziger, indem der Narzisst die Nachfrage abwertet und scheinbar nicht versteht: »Warum nervst du mich jetzt damit?« oder »Kümmere dich doch um deine Sachen«. Doch das Gegenüber kann aufgrund von Erfahrungen, Ängsten und Unsicherheiten nicht aufhören, immer weiter nachzufragen. Der Streit nimmt seinen Lauf …

Narzissten streiten gerne vor anderen

Grundsätzlich vermeiden es Menschen, Konflikte vor anderen auszutragen. Das ist insbesondere bei offenen Narzissten nicht der Fall, sie stärkt so ein Konflikt vor Publikum. Mitunter provozieren sie Streit vor anderen Menschen geradezu. Das kann so ablaufen, dass der Narzisst eine andere Person offen angreift oder unterschwellig aggressiv ist – und man als Partner, weil es einem so unangenehm ist, Partei für die bedrängte Person ergreift. Aus der Sicht der Narzissten ist das ein Verrat und deshalb wird der Partner selbst zur Zielscheibe.

Fallbeispiel Wanda und ihr Vater

Wanda war bei ihren Eltern in Bayern zu Besuch. Beim Essen zog ihr Vater wieder einmal die Mutter vor der gesamten Familie ins Lächerliche. »Ist das eine Sauce oder die zweite Vorsuppe, Mechthild? Haha! Sag mal, für die guten Knödel hat es wohl nicht mehr gereicht, oder? Haha!« Wanda ertrug es einfach nicht mehr und sprang ihrer Mutter bei. »Es schmeckt immer so lecker bei dir, Mama, alle lieben deine Braten und besonders die Sauce. Du gibst dir so viel Mühe!«

»Das sagt die Richtige, die, die in ihrem Loft sitzt und nur ins Restaurant essen geht, dass ich nicht lache!«, blaffte ihr der Vater entgegen. Er geriet immer mehr in Rage: »Kommst her und bringst Unruhe rein, Berlin bekommt dir wohl nicht!«

»Lass gut sein, Hubert«, beschwichtigte Tante Inge und versuchte mit einer Urlaubsgeschichte zu retten, was noch zu retten war. Wanda hatte keinen Hunger mehr, sie war bleich und schwieg. Die Worte ihres Vaters taten ihr weh, sie hatte so sehr gehofft, dass er stolz auf sie und ihr Studium in Berlin war.

Später in der Küche bat ihre Mutter sie: »Geh mal den Vati nicht so an, er meint es doch nicht so, wir kennen ihn doch, er hat doch immer so viel Stress.«

Wanda schämte sich plötzlich für ihr Verhalten, dabei hatte sie die Mutter nur verteidigen wollen. Paradoxerweise entschuldigte sich Wanda am nächsten Tag vor der Abreise bei ihrem Vater. Sie fühlte sich noch lange danach schlecht.

Ein »Nein« ist kein »Nein«

Eine gesunde Beziehung findet auf Augenhöhe statt. In dieser respektieren sich die Partner, Freunde oder Kollegen und treten dem anderen wertschätzend gegenüber. Das bedeutet auch, die Grenzen des Gegenübers zu akzeptieren – selbst dann, wenn es ein unbequemes »Nein« ist. Narzissten jedoch können ein Nein und damit Grenzen anderer schlecht akzeptieren. Zudem fällt es vielen Menschen schwer, gegenüber einem Narzissten ein klares »Nein« überhaupt zu äußern, weil sie deren Reaktionen und Streit deswegen fürchten.

Fallbeispiel Annabelle und ihre Mutter

Schon wieder war die Mutter unangemeldet hereingeschneit und hatte Unmengen von Spielzeug mitgebracht. Es war bereits das fünfte Mal in diesem Monat – einfach zu viel für den Kleinen und maßlos. »Mutti, das passt gerade nicht, ich bekomme gleich Besuch von Laura. Bitte nimm die Sachen wieder mit«, sagte Annabelle.

»Das gibt es doch wohl nicht, ich bin deine Mutter, Annabelle!«

»Ich habe doch gesagt, das ist zu viel für den Kleinen«, erwiderte sie leise.

»Ach was! Und die anderen Großeltern dürfen immer was mitbringen!«

»Aber die kommen doch nur alle vier Monate, die wohnen doch so weit weg. Wir sehen uns doch mehrmals in der Woche, Mama, das ist doch was ganz anderes, es geht doch nicht um mal, sondern um jedes Mal, so wie du es machst«, sagte Annabelle.

»Als ihr den Kredit für das Haus brauchtet, da waren wir gut genug, aber jetzt werde ich weggeschickt und darf meinem Enkel nicht mal Geschenke mitbringen.« Die Mutter fing an zu wimmern und zu zittern.

»Aber Mutti, du bist doch fast jeden Tag da und ich bekomme jetzt Besuch von Laura, die habe ich schon so lange nicht gesehen!«

»Schon gut«, sagte die Mutter, drehte sich um und ging. Vor der Haustür wandte sie sich noch einmal um. »Es geht alles nur nach dir. Madame macht es sich immer so, wie es ihr gefällt.«
Annabelle lief ihr hinterher, doch ihre Mutter würdigte sie keines Blickes mehr. Annabelle rief tagelang bei der Mutter an, doch sie ging nicht ans Telefon. Sie fuhr bei ihr vorbei und stellte ihr einen Blumenstrauß vor die Tür. Denn mittlerweile tat ihr alles schrecklich leid und sie kam sich undankbar vor. Es war doch ihre Mutter! Ihre Eltern hatten sie doch so unterstützt beim Hausbau. Sie war doch ihre einzige Tochter.
Nach drei Wochen nahm die Mutter die Entschuldigung an – mit den Worten: »Du wirst schon sehen, was man als Mutter alles durchmachen muss. Du musst eben noch sehr viel lernen.«
Annabelle war froh, dass nun wieder Frieden herrschte. Aber ein bitterer Nachgeschmack blieb zurück und sie machte sich Vorwürfe, dass sie es einfach nicht schaffte, ihrer Mutter zu sagen, was für sie in Ordnung war und was nicht.

Übliche Streitmuster

Man kann, wenn man bewusst darauf achtet, bestimmte Muster im Streit mit Narzissten erkennen – und sich dem Streit rechtzeitig entziehen oder den Verlauf verändern.

Streitmuster Abwertung
Wie an einigen der Beispiele sichtbar wurde, beginnen Narzissten häufig Streit, weil sie etwas als Kränkung erfahren haben und dies als emotionale Zurückweisung erleben. Anstatt damit erwachsen umzugehen, setzt plötzlich eine extreme Abwehrreaktion ein. Das ist die narzisstische Wut: Beschimpfungen, häufig mit Kraftausdrücken, die den anderen abwerten sollen. Nicht selten stellen sie dann auch den geistigen Zustand des Gegenübers infrage: »Du hast doch Probleme, such dir mal Hilfe und lass mich in Ruhe.«

Denn in der Welt von Narzissten gibt es meist nur Extreme: Schwarz und Weiß, Gut und Böse, Gewinner und Verlierer. Und eben auch einen, der schuld ist und die Verantwortung zu tragen hat, und den anderen, der unschuldig ist (mehr darüber ab Seite 97). Narzissten sehen sich in der Regel als die Guten, die Unschuldigen. Durch diese Schwarz-Weiß-Sicht und die Abwertung des Gegenübers sowie dadurch, dass sie keine Verantwortung übernehmen, erlangen sie vorübergehend einen emotionalen Ausgleich und die Stabilisierung ihres geringen Selbstwerts. Dass bei einem Konflikt beide Seiten Verantwortung tragen, sehen Narzissten nicht.

Streitmuster häufiges Lügen

Schaut man sich den Verlauf eines längeren Streits genau an, werden meist widersprüchliche Aussagen des Narzissten deutlich. Zeigt man Narzissten ihre Lügen und Widersprüche auf, erwidern sie typischerweise: »Da hast du dich getäuscht« oder fernab vom Lügenvorwurf: »Du bist doch nur neidisch.«

Oft wollen Narzissten einem dann das Gefühl geben, dass man ihnen geistig nicht gewachsen ist, und verdrehen deshalb die Tatsachen. Dabei sind sie äußerst kreativ und häufig auch schamlos.

Streitmuster Drohkulisse

Im bösartigen Bereich und bei harten Auseinandersetzungen sprechen Narzissten oft auch Drohungen aus, um ihren Aussagen Nachdruck zu verleihen, beispielsweise: »Ich werde dich verlassen, wenn sich das nicht ändert.« Oder die Kinder dürfen nicht auf den Reiterhof und bekommen Hausarrest, wenn sie »weiterhin Widerworte« haben oder »die Freundschaft muss noch mal überdacht werden, wenn man jetzt bei allem aufpassen muss, was man sagt«. Solche Drohungen erzeugen maximale Unsicherheit beim Gegenüber und steigern bei diesem die Angst davor, dem Narzissten doch einmal Grenzen zu setzen.

Streitmuster Schweigen
Je länger der Streit geht, umso verwirrender wird er, Tränen fließen. Menschen, die stark in der Beziehungsdynamik gefangen sind, kommt der Gedanke »schnell weg« nicht, sondern sie haben nur noch einen Wunsch: »Lass doch alles wieder gut sein!«

Während der Partner permanent nach Lösungen sucht und sich dabei selbst nahezu aufgibt, mündet ein Streit nicht selten abrupt in Schweigen des Narzissten. Er verlässt dramatisch die Streitsituation, Türen knallen – Stille. Der Narzisst schweigt: Stunden, Tage, Wochen oder sogar noch länger. Der Partner erträgt es irgendwie, er schafft es nicht, Konsequenzen zu ziehen, sondern macht sich sogar noch Vorwürfe. Der Narzisst schweigt, bis das Gegenüber aus seiner Sicht für sein Fehlverhalten genug »gebüßt« hat. Er selbst lebt in der Zeit scheinbar unbeschwert, nimmt sich aber oft besonders viel heraus. Die Versöhnung nach dem Schweigen kommt genauso, wie der Streit kam, sehr plötzlich. Das Ganze wird nicht mehr thematisiert, der Narzisst wirft es dem Gegenüber aber lange Zeit später gerne wieder vor.

Die Wirkung eines solchen Streits auf Betroffene

Der Partner, das Kind, der Freund oder Kollege fühlt sich in und nach so einem Streit wie in einem schlechten Film. Man versucht zu verstehen und zu schlichten, man geht Kompromisse auf eigene Kosten ein. Man ist ausgelaugt. Vielleicht weint man viel. Als Kind fühlt man sich alleine und denkt, dass man den anderen wieder nur enttäuscht hat. Als Erwachsener fühlt man sich vielleicht zurückversetzt in die Kindheit, in die aussichtslosen Streitsituationen mit den Eltern. Etwas einfach anzusprechen und zu klären ist unmöglich. Ist der akute Streit vorüber, wirkt er noch lange nach. So sehr man auch versucht, das Ganze zu rekonstruieren und zu verstehen: Es klappt nicht. Dabei werden die Verunsicherung und Selbstzweifel, je länger der Streit zurückliegt, desto größer.

Möglicherweise kommen zusätzlich Verlustängste und das Gefühl, um das Gegenüber kämpfen zu müssen, auf. Man stellt sich bei einem geringen Selbstwert immer stärker infrage. Je größer die Verunsicherung wird, umso extremer agiert häufig der Narzisst und umso mehr schiebt er die Schuld an allem auf das Gegenüber. Dabei wäre es längst an der Zeit gewesen, dem Narzissten deutlich zu sagen: »Stopp, bis hier und nicht weiter!« Doch man traut sich nicht.

In Kürze: Streit – »Alles deine Schuld«

Streite mit Narzissten entstehen häufig dann, wenn man sich in den Augen des Narzissten nicht angemessen verhalten hat, selbst Grenzen zieht oder aus Sicht des Narzissten zu viel Nähe und Harmonie aufkommen. Dann provozieren Narzissten Konflikte, oft auch vor anderen, und Kleinigkeiten, die durchaus erwachsen und auf Augenhöhe geklärt werden könnten, werden dramatisch aufgebauscht.

Die Streite verlaufen oft ähnlich: plötzlicher und heftiger Anfang, lange Dauer, plötzliches Ende, wobei alles ungeklärt bleibt. Im Streit kommt es zu Manipulationen wie Lügen und dem Verdrehen von Tatsachen. Häufig zweifeln Narzissten die Aussagen des anderen und die andere Person an sich an. Sie werten ihr Gegenüber ab, machen es verantwortlich und verleihen ihren Forderungen durch Drohungen Nachdruck.

Nach einem Streit mit einem Narzissten bleiben oft lange eine starke Abgeschlagenheit, viele ungeklärte Fragen und Selbstvorwürfe. Diese sind größer, je geringer der Selbstwert des Betroffenen und je stärker er emotional abhängig von dem Narzissten ist. Narzissten überschreiten umso extremer Grenzen ihres Gegenübers, je geringer dessen Selbstwert ist.

Reality-Check: Wie ist das bei mir?

- ◇ Wie beginnt der Streit?
- ◇ Wie ist der Ablauf des Streits?
- ◇ Übernimmt das Gegenüber Verantwortung?
- ◇ Wie ist das Ende des Streits?
- ◇ Gibt es eine Klärung des Problems nach dem Streit?
- ◇ Schaffst du es, Grenzen zu setzen?
- ◇ Überschreitet dein Gegenüber im Streit immer wieder deine Grenzen?

Maries Tipps

- ◇ Vermeide keine Konflikte aus Angst. Bewerte vorab für dich, ob dir ein Streit wichtig ist, um deine Position klarzumachen oder deine Unzufriedenheit zu adressieren.
- ◇ Arbeite dich nicht zu lange am Streiten ab, das kostet Energie.
- ◇ Stelle dich Streiten in gesunder Art und Weise:
  - ◇ Bleib beim Konfliktthema und lass keine Verlagerung auf andere Themen zu.
  - ◇ Sende Ich-Botschaften.
  - ◇ Bleib klar und ruhig und lass dich nicht reizen.
  - ◇ Verlasse den Streit, wenn sich dieser im Kreis dreht, und kündige dies mit klaren Worten an: »Ich sehe, dass wir jetzt alles gesagt haben, und denke, dass wir uns jetzt im Kreis drehen. Ich gehe jetzt in mein Zimmer/Büro/nach Hause.«
  - ◇ Lass dir schöne Momente nicht verderben, verlagere den Konflikt, wenn er nicht akut ist, auf später: »Das ist jetzt nicht akut, lass uns später in Ruhe darüber sprechen, ich möchte jetzt den Aufenthalt in der Therme genießen.«

Ständiges Auf- und Abtauchen

Diese Masche legen Narzissten auch in engen Beziehungen an den Tag und das kann Betroffene zutiefst erschüttern.

Aus einer lockeren Beziehung, beispielsweise zu einem Bekannten oder entfernten Verwandten, kann man sich durchaus ohne große Erklärungen zurückziehen. Diese Freiheit hat jeder Mensch. Abtauchen und sogar häufiges Ab- und irgendwann wieder Auftauchen ist dagegen eine schreckliche Masche von Narzissten gegenüber Personen, mit denen sie eng verbunden sind. Sei es nach einem Streit oder aus auf den ersten Blick vollkommen unerklärlichen Gründen: Plötzlich ist der Narzisst weg. Verschwunden. Er geht – wortlos, für immer oder für eine gewisse Zeit. Er reagiert nicht mehr auf Anrufe und Nachrichten, er stellt sich tot. Dieses Abtauchen wird oft als Ghosting bezeichnet.

Wissen: Ghosting

Ein Mensch, mit dem man kurze Zeit oder auch schon länger eine Beziehung hat, macht sich plötzlich und ohne Vorankündigung davon. Er taucht unter, er verschwindet wie ein Geist – englisch »Ghost«. Man selbst bleibt mit vielen Fragen, warum er abgetaucht und was passiert ist, zurück. Diese Fragen zu klären ist nicht möglich, da der Narzisst auf Anrufe und Posts auf Social-Media-Kanälen nicht reagiert.

So wie er verschwunden ist, kann der ehemalige Freund, Verwandte oder auch Expartner nach Wochen, Monaten oder Jahren wie aus dem Nichts wieder auftauchen – und das macht alles noch schlimmer.

Ghosting am Anfang einer Paarbeziehung

Es kann schon in der Kennenlernphase einer Beziehung zum Ghosting durch einen Narzissten kommen. Es gibt Narzissten, die das Gegenüber bereits nach ein paar Dates ghosten.

Fallbeispiel David und Michaela

Als David und Michaela sich über die Dating-App kennenlernten, waren sie einander sofort vertraut. Drei Dates hatten sie inzwischen schon. Das erste Date war in einer Weinbar, die David ausgesucht hatte. Es war ein unglaublicher Abend, obwohl er sich dreißig Minuten verspätet und Michaela vor der Tür warten lassen hatte. Aus einem Wein wurden drei, sie redeten die ganze Nacht und es kam, wie es kommen musste: David schlief bei Michaela. Beide wollten eine Beziehung, das betonte David immer wieder. Michaela war verzaubert, schon in den ersten 24 Stunden lag die gemeinsame Zukunft klar vor ihnen. Sie hatten dieselben Vorstellungen in Sachen Wohnen, Kinder und Karriere.

David musste leider auf einen längeren Businesstrip, aber sie schrieben einander permanent, schickten Bilder und verabredeten sich zum nächsten Date. Michaela wollte für ihn kochen, besorgte sardische Köstlichkeiten, weil beide Sardinien so sehr mochten. David kam aber nicht wie verabredet um 19 Uhr, sondern erst gegen 23 Uhr. Er hatte sich mit seinem Nachbarn verquatscht. Dieser nerve immer so, weil er allein sei. Michaela sah darüber weg, der Abend war trotzdem schön – und die Nacht auch.

Das dritte Date mussten sie wegen seines Jobs dreimal kurzfristig verschieben, aber sie schrieben ununterbrochen Nachrichten und schmiedeten Pläne für einen ersten Kurztrip an die Ostsee. Sie solle mal was fürs kommende Wochenende heraussuchen, am besten schon buchen wegen der großen Nachfrage in den Sommerferien, drängte er sie. Er würde es ihr dann komplett erstatten.
Es war für Michaela, die schon lange ungewollt Single war, wie ein wahrgewordener Traum: Endlich nicht mehr allein! Sie fand ein Hotel direkt am Wasser, das nicht gerade günstig war, aber David war auch total begeistert und stimmte zu. Sie buchte es wie besprochen.
Dann passierte das Unfassbare: David meldete sich plötzlich nicht mehr. Michaela hatte Angst, dass etwas Schlimmes passiert war, denn er war wie von der Bildfläche verschwunden. Sie rief ihn an, schrieb Nachrichten und sah auch, dass er bei der Dating-App online war. Das Ostseewochenende kam, doch sie hörte nichts mehr von ihm.
Michaela war wie gelähmt. Was sollte das alles? Hatte sie sich falsch verhalten, etwas Falsches gesagt oder zu schnell zu viel gewollt? Sie klammerte sich an ihre Hoffnung und stornierte erst eine Stunde vor Anreise das Zimmer. Auf den Kosten blieb sie sitzen, ebenso wie auf den vielen Fragen.
Ihre Freundin Isabelle fand das Ganze merkwürdig und schrieb David über ihr Profil auf der Dating-App gemeinsam mit Michaela an. Die Antwort war für Michaela ernüchternd. »Klar mag ich mich mal mit dir treffen, Isa«, schrieb David schon nach kurzer Zeit, »kennst du den Weinladen in der Innenstadt?«

Auf- und Abtauchen in Paarbeziehungen

Auch in längeren Beziehungen und Ehen kann es zum Ghosting kommen. Ist diese narzisstische Masche für den Partner oder die Partnerin schon kaum zu bewältigen, so ist es für Kinder besonders traumatisch, wenn ein Elternteil die Familie plötzlich verlässt. Hier können starke Verlustängste entstehen, die Betroffene häufig mit in spätere Partnerschaften tragen. Den Partnern setzt ein solches Ende der Beziehung auch deshalb enorm zu, weil sie keine Antworten auf ihre Fragen bekommen und letztlich nie wissen, ob es denn tatsächlich das Ende der Beziehung ist.

Fallbeispiel Sally und Max

Sally und Max waren eineinhalb Jahre zusammen, sie führten eine Fernbeziehung zwischen ihren Wohnorten. Es gab häufig Konflikte, ständig zettelte Max Streite an und seine Abwertungen wurden immer brutaler: »Schnallst du nicht, was ich dir gesagt habe?« oder »Frauen wie du sind die Pest für Männer«. Aber Sally hatte immer Verständnis für ihn. »Er hat viel zu tun«, dachte sie sich.

Als sie wieder einmal die ganze Nacht gestritten hatten, fand Sally am nächsten Morgen – Max war bereits aus dem Haus – Geld für ein Zugticket auf dem Küchentisch: »Ich brauche Ruhe«, stand auf einem Zettel, »nimm das Geld und fahr zurück.« Sally verstand die Welt nicht mehr. Weinend fuhr sie nach Hause. Sie rief mehrmals bei ihm an, aber er nahm nicht ab und er antwortete auch nicht auf ihre Nachrichten.

Doch kurz darauf meldete sich Max wieder. Sally war immer noch verletzt, aber als Max ein Wochenende auf dem Land vorschlug, willigte sie sofort ein. Es wurde eine schöne Zeit, sie fuhren gemeinsam Rad, genossen das Wellnessbad. Sally verzieh ihm, was passiert war.

Als sie ihn am nächsten Tag anrief und fragte, wann sie sich wieder treffen wollten, traf sie der Schlag. Er hatte keine Zeit für ein Gespräch. Stattdessen kam eine E-Mail von Max: »Es geht nicht mehr. Wir passen nicht zusammen. Plan dein Leben, alles Gute.« Statt Wut kamen Verlustängste in ihr hoch. Sie schrieb ihm Nachrichten und entschuldigte sich in vielen E-Mails, ihn viel-

leicht zu sehr bedrängt zu haben. Er schrieb nur: »Hör auf und lass mich in Ruhe.« Auf ihre Nachfragen reagierte er nicht mehr. Sally hatte lange schrecklichen Liebeskummer. Was hatte sie falsch gemacht, wo lag ihr Fehler? War sie das Ganze zu schnell angegangen? Es gab keine Antworten und so konnte sie nicht damit abschließen. Was würde sie machen, wenn er sich wieder bei ihr melden würde?

Wann Narzissten ghosten

Es gibt typische Situationen, aus denen heraus Narzissten plötzlich verschwinden. Diese zu kennen bedeutet für Nahestehende oft, dass sie solche Situationen tunlichst meiden. Das Wissen darüber kann jedoch auch ein Ausgangspunkt dafür sein, einen aktiven und selbstfürsorgenden Umgang mit dieser Masche von Narzissten zu finden. Im Kapitel »Souveräner Umgang« geht es darum, zunächst beschreibe ich die typischen Ghostinganlässe.

Nach einem Streit

Konflikte nehmen mit Narzissten wie bereits beschrieben oft einen extremen Verlauf. Nach oder auch mitten im Streit verlegt sich der Narzisst aufs Schweigen oder er verschwindet einfach. Dies kann von kurzer Dauer sein oder durchaus auch das Beziehungsende bedeuten. Für den Partner oder die Partnerin ist dies äußerst schmerzhaft. Zusätzlich zu allen Grübeleien über das Warum und den Selbstzweifeln fragen sie sich oft, ob die Beziehung überhaupt eine nahe Bindung gewesen ist, wenn diese so schnell beendet werden kann.

In neuen Lebensumständen

Ein neuer Job, eine neue Partnerschaft, ein Orts- oder Wohnungswechsel: Wenn sich etwas im Leben eines Narzissten ändert, kann es schnell passieren, dass er das Umfeld oder Teile davon ohne Erklärung auswechselt. Beispielsweise ist die jahrelange Freundschaft mit einer Arbeitskollegin plötzlich vorbei, als diese in ein größeres und prestigeträchtiges Unternehmen wechselt. Kein Kontakt mehr. Nichts, als hätten sie sich nie gekannt. Da es Narzissten an Empathie mangelt, fällt es ihnen leicht, andere fallen zu lassen – besonders wenn sie ihnen nicht mehr nützlich sind, ihnen also keine narzisstische Zufuhr in Form von Bewunderung oder imagemäßige oder finanzielle Vorteile mehr verschaffen.

Wenn dem Narzissten Grenzen gesetzt werden

Wenn man einem Narzissten Grenzen setzt, eigene Wünsche anmeldet oder Versprochenes einfordert, wird es für Narzissten unangenehm – und dann kann es sein, dass er verschwindet. Denn sonst müsste er auf sein Gegenüber eingehen und dafür wäre Einfühlungsvermögen gefragt und der Fokus würde sich weg von ihm auf die andere Person verlagern. Das würde erfordern, dass der Narzisst sich selbst und eigene Wünsche und Bedürfnisse eine Weile zurücknähme. Die Welt würde sich dann nicht mehr nur um ihn, sondern eben auch um das Gegenüber drehen. Die Begegnung oder das Gespräch fände auf Augenhöhe statt, doch das empfinden Narzissten als unangenehm und anstrengend. Dann ist für sie der leichtere Weg, einfach zu verschwinden.

Wechsel in ein nützlicheres Umfeld

Narzissten sind oft bestrebt, sich mit Menschen zu umgeben, die ihnen nützlich sind. Sie heften sich an Personen, die sie in ein hilfreiches und angesehenes Umfeld bringen oder ihnen Kontakte verschaffen. Sie umgeben sich, wie ich bereits ausgeführt habe, gerne mit Menschen, die finanziell sehr gut ausgestattet und sehr großzügig sind, von denen sie profitieren oder lernen können. Bei verdeckten Narzissten sind es oft Menschen, die sie umsorgen und sich rund um die Uhr um sie kümmern. Narzissten umgeben sich auch gerne mit attraktiven oder weitaus jüngeren Menschen, um von deren Glanz etwas abzubekommen. Und all diese Menschen in ihrem Umfeld oder auch das gesamte Umfeld tauschen Narzissten ganz nach dem eigenen Bedarf und Vorteil so schnell aus, wie sie sich zu Beginn für diese Menschen begeistern konnten.

Fallbeispiel Vanessa und Suse

Vanessas Freundin aus der Nachbarschaft, Suse, meldete sich nicht mehr, seit nebenan eine neue Nachbarin, Maggie, eingezogen war. Maggie war ein ganz anderer Typ als Suse, sie war sehr viel unterwegs und gut vernetzt, weil ihr Mann eine leitende Position bei einer Behörde hatte. Das imponierte Suse. »Wir sind auf einem Fest eingeladen, kann heute nicht«, schrieb sie Vanessa, seit sie mit Maggie befreundet war. Oder: »Maggie und ich sind jetzt auf einem Reitturnier ihrer Tochter, komme nicht zum Grillen.« Dabei kannten Vanessa und Suse sich seit Jahren. Bei Suses Scheidung im letzten Jahr war Vanessa rund um die Uhr eine große Stütze für sie gewesen.

Nun war sie plötzlich weg, wie vom Erdboden – oder von Maggie – verschluckt. Vanessa und Suse trafen sich überhaupt nicht mehr. Das fiel auch den anderen schon auf: »Man sieht euch gar nicht mehr zusammen.« Suse war traurig, als sie hörte, dass Suse jetzt mit Maggie den neuen Zumbakurs im Nachbarort besuchte. »Wie kann sie mich nur so auswechseln?«, fragte sich Suse. Sie war traurig und wütend. Wie sollte sie reagieren, wenn Vanessa und sie sich jetzt auf dem Dorffest sehen würden? Eine Freundschaft muss das doch aushalten, oder?

Zu viel Nähe in der Beziehung

Narzissten vermeiden wirkliche Nähe und Intimität. Oft flüchten sie, wenn beispielsweise die euphorische Verliebtheit zu Beginn einer Beziehung in eine tiefere Nähe übergeht. Es ist ein schwieriges Unterfangen: Während der neue Partner noch alles und vielleicht auch zu sehr idealisiert, schwärmt und sich ganz und gar dem Narzissten hingibt, wird es dem Narzissten zu eng, zu unbequem. Zudem zeigt er, so wie es stets beim näheren Kennenlernen ist, Seiten, die dem Narzissten nicht gefallen. Hinzu kommt, dass nach einiger Zeit auch der Partner Wünsche und Bedürfnisse äußert. Da das dem Narzissten oft zu anstrengend ist, verschwindet der Narzisst lieber, wenn es ihm zu viel und zu nah wird.

Die Wirkung des Ghostens auf Betroffene

Das plötzliche Verschwinden fühlt sich wie ein Verrat an. Das größte Problem sind die unbeantworteten Fragen, die einen nicht schlafen lassen. Das Grübeln über so viele fragliche Situationen mit dem Narzissten lässt einen nicht zur Ruhe kommen.

Man sucht unablässig nach Antworten, streift deswegen durchs Internet, legt Fakeprofile an, um herauszufinden, wo der andere ist, und erkennt sich in solchem Tun selbst nicht mehr wieder. Man hat plötzlich eine wichtige, wenn nicht sogar die wichtigste Bezugsperson verloren. Dazu kommt das Gefühl, nicht gut genug gewesen zu sein, ein Gefühl, das man vielleicht bereits aus der Kindheit im narzisstischen Elternhaus kennt und das sich nun auf dramatische Art und Weise wiederholt.

»Tadaa, bin wieder da« – Wie Narzissten wieder auftauchen

Das erneute Auftauchen von Narzissten ist schamlos, gewissenlos und plump. Das hat gar nichts mit einem smarten und geschickten Handeln, das Narzissten sich selbst gerne zuschreiben, zu tun. Denn Narzissten tauchen auf, als wäre nichts gewesen. Haben gesunde und empathische Menschen nach einem überstürzten Weggehen ein schlechtes Gewissen, tun Narzissten häufig einfach so, als wäre gar nichts Ungewöhnliches vorgefallen. Sie vermeiden es, das Verschwinden zu thematisieren, knüpfen mit banalen Themen an das frühere Miteinander an und hoffen, dass der andere ebenso darüber hinwegsieht, was passiert ist. Kommen doch unbequeme Nachfragen, versucht der Narzisst, diese mit einem humorvollen Spruch vom Tisch zu wischen. Die andere Person steht dann vor der großen Frage, ob sie sich nicht mehr wert sein sollte, als um jeden Preis den Kontakt zu dem Narzissten aufrechtzuerhalten. Will man dieses so verletzende Verhalten stillschweigend akzeptieren und sich auch in Zukunft so behandeln lassen?

Das Wiederauftauchen kann in unterschiedlicher Weise geschehen, ist für die andere Person jedoch stets wiederum äußerst verwirrend.

Urplötzliche Nachrichten

Es kann nach Tagen oder Wochen, aber auch nach Monaten oder sogar Jahren des Verschwindens geschehen: Plötzlich schreibt der Narzisst eine Nachricht. Oft ist der Inhalte banal und er geht weder auf das Gegenüber noch die Situation ein. So eine Nachricht nach Monaten oder Jahren über eine Social-Media-Plattform lautet dann beispielsweise: »Hi, ich bin gerade über dich gestolpert. Hoffe, dir ist es gut ergangen in den letzten Monaten. Lieber Gruß aus München, Marco.« Ein unpersönlicher Text, den der Narzisst im besonders abgedroschenen Fall auch an eine ganze Heerschar Expartner versendet.

Reagiert der Adressat darauf, kann es sein, dass der Narzisst sich wieder ewig nicht meldet. Das fühlt sich für die andere Person erneut wie eine Zurückweisung an. Zudem hat der Narzisst es abermals geschafft, sich ins Gedächtnis zu rufen.

Kommt es doch zu einer Kommunikation, knüpft der Narzisst häufig an früher an: »Ich war neulich in unserem Restaurant.« Mit Botschaften wie »Mein Leben ist gerade sehr aufregend« will der Narzisst erreichen, dass man neugierig wird und nach mehr Details fragt. Wann und ob diese dann kommen, steht wiederum in den Sternen.

Der Klicker bringt sich minimalistisch in Erinnerung

Nach Wochen oder Monaten taucht der Narzisst auf gängigen Social-Media-Plattformen auf – auf denen, von denen er weiß, dass die andere Person dort unterwegs ist, und auf denen man sieht, wer das eigene Profil besucht hat. Immer wieder ist er auf dem Profil, doch ohne Kontakt aufzunehmen. Hat man noch viele offene Fragen und mit dem Verschwundenen noch nicht innerlich abgeschlossen und spürt man trotz allem eine tiefe Verbundenheit, denkt man vielleicht: »Was will er?« Oder: »Denkt sie an mich? Spürt sie auch das so besondere Band zwischen uns?« So nähren diese minimalen und stets missverständlichen Signale erneut die Hoffnung auf vielleicht sogar ein Wiederaufleben der Beziehung.

Posts und Anrufe – versehentlich oder absichtsvoll?

Das Handy klingelt: einmal, dann wird aufgelegt. Auf dem Display erscheint der Name des Narzissten – nach Monaten. Ist die eigene Haltung nicht klar, kann da vieles hineininterpretiert werden: »Hat er sich verwählt? Oder denkt er noch an mich?« Oder: »Warum lässt er es nur einmal klingeln, traut er sich nicht, mit mir zu sprechen? Er hat wahrscheinlich ein schlechtes Gewissen …?« Man verfällt vielleicht in Träumereien und lässt sich tief in das »Spiel« des Narzissten hineinziehen. Leicht verliert man den klaren Blick zu erkennen, dass erwachsene Menschen ein Gespräch suchen würden.

Scheinbar fehlgeleitete Nachrichten

»Alles klar, ich bringe was zum Grillen mit, bis später!« So kann eine scheinbar fehlgeleitete Nachricht vom verschollenen Narzissten formuliert sein. Sofort springt die Gedankenmaschine an: »Ich bin also noch bei ihm im Handy gespeichert. Also ist das mit uns doch noch nicht vorbei, sonst hätte er meine Nummer doch schon längst gelöscht. Soll ich antworten oder nicht? Was soll ich tun?«

Es ist so verlockend, ihm zurückzuschreiben, insbesondere wenn man sich einsam fühlt. Eine andere innere Stimme rät davon ab, es zu tun. Denn das plötzliche Verschwinden war sehr verletzend, der Narzisst könnte einen erneut verletzen. Soll man eine neue Verletzung riskieren?

Ständig zufällige Begegnungen

Man ist auf dem kleinen Konzert seines Lieblingskünstlers und da taucht der Narzisst auf. Genau wie neulich, als er plötzlich im Restaurant vom Nebentisch herüberblickte. Und dann kreuzt er bei gemeinsamen Bekannten auf. »Das gibt es doch nicht«, denkt man. »Das ist doch Schicksal«, er ist eben mein »Seelenverwandter«, anders kann man sich diese Zufälle nicht erklären. Dabei hatte der Narzisst sich selbst eingeladen, als er erfuhr, dass man dort sein würde.

Warum machen Narzissten das?

Dieses Verhalten von Narzissten ist oft ein Vorfühlen, sie probieren einfach aus: »Geht da noch was? Kann ich noch mal ansetzen?« Narzissten wollen aufgrund ihres geringen Selbstwerts eine Zurückweisung möglichst vermeiden. Deswegen senden sie nicht immer klare Nachrichten, sondern gehen diese komplizierten und unklaren Kommunikationswege. Es wäre ja viel klarer anzurufen, die Vergangenheit zu besprechen und nach einer Verabredung zu fragen. So ist alles vage und offen, aber sie können nicht verletzt werden.

Die volle Aufmerksamkeit zu erhalten ist oft auch das Motiv für das erneute Auftauchen.

Außerdem mögen Narzissten es, wenn sie die volle Aufmerksamkeit des Umfelds haben. Tauchen sie also plötzlich wieder auf, so bringen sie sich dadurch wieder mitten ins Leben der anderen Person; diese denkt an nichts anderes mehr. Wenn sie keinen klaren Schlussstrich gezogen hat, kann damit ein sich unablässig wiederholender Kreislauf von Auf- und Abtauchen des Narzissten in Gang gesetzt werden.

Narzissten können sich überhaupt nur ohne schlechtes Gewissen so verhalten, weil es ihnen an Empathie mangelt. Zudem sind sie sich der Wirkung ihres unsozialen Handelns auf andere oft nicht bewusst oder sie schätzen es falsch ein oder sie sind im Größenwahn gefangen: »Ich bin so besonders, ich darf das.«

Das Auftauchen kann eine Vielzahl weiterer Gründe haben: Vielleicht benötigen sie eine narzisstische Zufuhr, vielleicht benötigen sie einfach Unterhaltung oder Abwechslung, weil der neue Partner zu langweilig oder anstrengend geworden ist. Anlass kann auch sein, dass sie in einem anderen Bereich gekränkt wurden, den Job verloren haben oder ihrerseits verlassen wurden. Narzissten wollen bejubelt werden, ganz besonders wenn das Außenbild brüchig wird, beispielsweise nach einem runden Geburtstag oder wenn die Frau oder der Ehemann sie schlussendlich doch verlassen hat.

Warum macht man das mit?

Das große Bedürfnis, offene Fragen zum plötzlichen Ende der Beziehung zu klären, ist ein wesentlicher Grund, warum es Narzissten immer wieder möglich ist, sich auch nach langer Zeit wieder zu melden. Zu groß ist da oft die Hoffnung auf Verstehen und zu niedrig auch der eigene Selbstwert, als dass Betroffene nicht doch wieder auf den Narzissten eingehen.

Die Hoffnung führt immer wieder in die Falle.

Manche Menschen kennen es zudem aus ihrer Kindheit, dass Menschen verschwinden und wieder auftauchen. Bei narzisstischen Eltern waren Beziehungen schon immer dramatisch und vieles war unberechenbar.

Vielleicht steckt man auch im Wiederholungszwang und geht deshalb immer wieder zurück in eine Beziehung zu einem

Menschen, der immer wieder tage-, wochen- oder monatelang verschwindet. Mehr dazu erfährst du ab Seite 131.

Zudem sehen viele die Verantwortung dafür, dass der andere so gehandelt hat, ausschließlich bei sich selbst. Sie schreiben sich selbst Fehler zu, die dann zum Bruch geführt haben.

Der Schicksalsgedanke an eine tiefe innige Liebe, die der andere erst noch erkennen muss, bringt manche auch dazu, die Realität auszublenden.

In Kürze: Ständiges Auf- und Abtauchen

Narzissten tauchen oft nach Tagen, Wochen, Monaten oder auch Jahren plötzlich wieder auf. Das kann über eine banale Nachricht oder indirekte Kontaktaufnahme erfolgen, etwa indem sie deine Social-Media-Kanäle häufig besuchen und kommentieren. Sie erklären dann ihr Verschwinden nicht und sprechen nicht darüber, oft versuchen sie mit oberflächlichen Themen an die Beziehung anzuknüpfen und sie fortzusetzen.

Das Auf- und Abtauchen kann sich im längeren Verlauf einer Beziehung durchaus häufig wiederholen.

Der Narzisst möchte sich durch das Verhalten immer wieder in Erinnerung bringen, die Verfügbarkeit des Gegenübers prüfen und Vorteile für sich sowie Aufmerksamkeit generieren. Zieht die betroffene Person keine klaren Grenzen und schafft sie es nicht, mit dem Narzissten einen eigenen Abschluss zu finden, kann ihr Leben durch das Verhalten des Narzissten immer wieder stark beeinträchtigt werden. Das Auf- und Abtauchen bringt die betroffene Person dazu, gedanklich immer wieder in die Vergangenheit zurückzufallen oder sogar darin zu verharren.

Reality-Check: Wie ist das bei mir?

- ◇ Wie beendet das Gegenüber die Beziehung?
- ◇ Kannst du mit ihm Fragen abschließend klären?
- ◇ Übernimmt das Gegenüber Verantwortung?
- ◇ Wann taucht der Verschwundene wieder auf?
- ◇ Wie taucht er wieder auf?
- ◇ Erklärt er sein Verschwinden und beantwortet er Fragen nach den Gründen für sein Verhalten?
- ◇ Wie fühlt sich das Wiederauftauchen an?
- ◇ Gab es schon Versuche, Grenzen zu ziehen? Woran sind diese gescheitert?

Maries Tipps

- ◇ Frage den Narzissten, warum er verschwunden ist. Kommen auch nach längerer Zeit und mehrfachem Nachfragen keine Antworten, überlege dir, ob du das akzeptieren möchtest.
- ◇ Habe keine Hemmung, dem Narzissten sein Verhalten zu spiegeln, wenn es zu einem Aufeinandertreffen kommt, aber erwarte keine Einsicht
- ◇ Finde eigene Antworten auf deine offenen Fragen und lege sie in inneren Schubladen ab, sodass du sie nicht ständig wieder durchdenkst. Kommen die Fragen wieder hoch, mach diese Schubladen auf und erinnere dich an deine Antworten.
- ◇ Entscheide für dich, ob du dich weiter so behandeln lassen möchtest – insbesondere dann, wenn der Narzisst sich wieder bei dir meldet.
- ◇ Finde langfristig eine klare Haltung seinem Verhalten und ihm gegenüber.

Schräger Humor

Es gibt Personen, die andere Menschen unter Lachen zutiefst verletzen: Narzissten – und ihnen kommt das meist völlig normal vor.

»Lachen ist gesund«, heißt es landläufig und ist längst wissenschaftlich belegt. Und »Humor ist, wenn man trotzdem lacht«, formulierte der Lyriker Otto Julius Bierbaum Ende des 19. Jahrhunderts. Humor macht das Leben leichter, er hilft, mit belastenden Situationen entspannter umzugehen und sie positiv zu verändern. Humor verlängert sogar die Lebenserwartung (Romundstad, 2016). Über Humor kann man auch mit anderen ins Gespräch kommen und manchmal beginnen mit Humor die schönsten Geschichten. Doch leider nutzen einige Menschen Humor auch, um sich selbst auf Kosten anderer aufzuwerten.

Wie sich Humor entwickelt, ist unter anderem von sozialen und kulturellen Faktoren, der eigenen Persönlichkeit und der Herkunftsfamilie beeinflusst. Narzissten brüsten sich häufig mit ihrem »sehr speziellen Humor«. Ich bezeichne dies jedoch als »WitzWitz«, denn dieser Scherz führt nichts Gutes im Schilde, er dient der Abwertung des Gegenübers.

Wie sich dieser verstörende Humor zeigt und wie er wirkt, zeige ich in diesem Abschnitt. Versteh mich aber nicht falsch: Jeder von uns lacht mal über andere und ich kenne auch niemanden, der nicht auch einmal schlecht über andere in deren Abwesenheit geredet oder auch mal so richtig gelästert hat. Die Dosis macht hier aber das Gift. Wenn bei Treffen und in Gesprächen ständig Witze über andere und ihre Schwächen gemacht werden, dann ist das alles andere als gesund und positiv für die Betroffenen – aber auch nicht für das eigene Leben.

Warum haben Narzissten oft diesen ungesunden, schrägen Humor? – Es ist einfach, andere durch Witze zu erniedrigen und sich dadurch größer, besser und mächtiger zu fühlen. Der schräge Humor stärkt den geringen Selbstwert der Narzissten.

Narzissten nutzen Humor häufig auch, um von Themen abzulenken oder Fragen zu umschiffen. Das Problem hierbei ist, dass nach jedem ausweichenden Scherz die Hemmschwelle größer wird, einen Sachverhalt zu klären.

Solchen verletzenden Humor einzusetzen ist ein passiv-aggressives Verhalten (auf andere Formen solcher Verhaltensweisen gehe ich im nächsten Kapitel ab Seite 70 näher ein). Dies kann für eine Person, die in einer narzisstischen Familie aufgewachsen ist, eine gelernte Umgangsform sein und von ihr als völlig »normal« empfunden werden. Sie kann nicht zwischen positivem Humor und Abwertung unterscheiden.

Fallbeispiel Sophia und Daniel

»Daniel, ich bekomme noch Geld von dir«, sagte Sophia.

»Habe keins dabei.«

»Schon wieder?« – »Kannst du dir sonst keinen Nagellack mehr kaufen, oder was?«, lachte Daniel. »Fahr mal da an die Tanke, gleich ist der Sprit alle.«

Wieder ärgerte sich Sophie über ihren Bruder. Die Benzinkosten für die 600-Kilometer-Fahrt zu den Eltern würden wieder an ihr hängen bleiben. So war es immer, er hatte nie genug Geld dabei. Sie zahlte für ihn, und wenn sie das Geld zurückhaben wollte, lachte er sie aus. Danach fühlte sie sich schlecht, weil er immer auf ihren guten Lebensstandard verwies. Das Auto, das Haus, die Urlaubsreisen oder eben ihren Nagellack. Dann fragte sie nicht weiter nach dem Geld. Sie ärgerte sich über Daniel, der sie finanziell immer ausnutzte, aber auch über sich selbst, denn sein Verhalten war einfach nicht in Ordnung. Doch sie wusste nicht, wie sie auf seine Ausflüchte reagieren sollte.

Wie Narzissten sich über andere lustig machen

Narzissten machen sich über jede Eigenschaft, jedes Verhalten, jede Gewohnheit, Aktivität anderer Menschen lustig, kurz: über alles. Sie kennen dabei keine Scham und keine Gnade. Häufig thematisieren sie das Aussehen anderer und ihre besonders sensiblen Punkte. Hat jemand nach Ansicht des Narzissten ein paar Kilo zu viel, wird er als »klarer Fall für Weight Watchers« bezeichnet. Ist jemand aus seiner Sicht zu dünn, urteilt er: »Die muss mal ein ordentliches Stück Fleisch essen.« Ist eine Frau nicht feminin genug, findet er: »Das sollte wohl ein Junge werden.« Ob große oder kleine Nase, forsch oder zurückhaltend, erfolgreich oder gerade nicht … – es gibt nichts, was ein Narzisst nicht fröhlich-scherzend ins Lächerliche zieht. Wer genau hinschaut, erkennt, wie sie dabei immer wieder vorgehen.

Unangreifbar durch Scherzen

Narzissten verstecken Minderwertigkeitsgefühle gegenüber anderen auch oft hinter scheinbar scherzhaft gemeinten Bemerkungen. Wie eine Witzparade kann sich ein vermeintlicher Kalauer auf Kosten anderer an den nächsten reihen. Machen offene Narzissten diese Bemerkungen noch ganz direkt, verpacken verdeckte Narzissten sie eher in Randbemerkungen.

Fallbeispiel Klaras Vater

»Hat es für ein richtiges Auto nicht mehr gereicht nach eurem Luxusurlaub?«, lachte Klaras Vater, als seine Tochter und sein Schwiegersohn mit ihrem neuen Auto ankamen. Klaras Vater liebte Luxusautos. Er genoss es sehr, wenn er wieder ein neues Auto vor der Tür stehen hatte. »Neid ist die höchste Form der Anerkennung«, lachte er, wenn er mit großer Freude davon erzählte, wie seinem Nachbarn die Gesichtzüge entglitten, als er mit dem neuen Benz vorbeifuhr.

Sein Schwiegersohn Chris machte sich nichts aus teuren Autos. Sein Schwiegervater ließ ihn ständig spüren, wie unerwünscht und unfähig er in seinen Augen war. Das tat er aber nie direkt, sondern nur über diese permanenten Scherze.
»Dass Klara sich traut, einen aus dem Schwabenland zu uns zu bringen! Was machen Sie noch mal? Was mit Hi-Fi?«
»Ich arbeite in der IT.«
»Was macht man denn in so einer IT?«
»Ich bin im Projektmanagement und sorge dafür, dass die Computer bei uns in der Firma reibungslos laufen.«
»Aha, davon verstehe ich nichts – Computer müssen eben laufen, mehr braucht man da ja auch nicht zu wissen, hahaha! Das geht ja alles automatisch. Wer braucht einen ITler, wenn es Roboter gibt, hahaha!« Chris schluckte und sah betreten zu Boden.
Als Klara von einer großen Enttäuschung bei ihrer gemeinsamen Wohnungssuche erzählte und ein wenig Verständnis von ihren Eltern erwartete, stand ihr Vater vom Tisch auf, berührte ihre Schulter und verkündete: »Lieber arm dran als Arm ab, das sage ich ja immer. Das Leben ist nun mal kein Wunschkonzert, Fräulein!« Fröhlich wandte er sich dann an Klaras Mutter: »Erika, sag mal, gibt es heute noch Nachtisch oder hebst du den für morgen auf, wenn die Gäste wieder weg sind?« Er lachte über seinen Witz, seine Frau verschwand schnell in der Küche, Erika lächelte verlegen.
Für Chris war der ganze Besuch ein Spießrutenlauf, schweißgebadet war er nach so einem Tag. Klara kannte es nicht anders, so war ihr Vater eben: »Immer ein lockerer Spruch auf den Lippen, er hat eben diesen besonderen Humor.« Den hatten alle in der Familie.

Abwesende lächerlich machen

Narzissten leben ihren »besonderen« Humor nicht nur in Anwesenheit der Zielpersonen aus. Sie ziehen auch Selbstbestätigung daraus, über Abwesende zu lachen.

Fallbeispiel Ella

»Sag mal, hat Katharina sich diesmal selbst die Haare geschnitten oder waren das ihre Kinder? Wer schneidet denn so was?«, zischte Ella. Kaum hatte Katharina das Restaurant verlassen, ging es wieder los. Ella redete, seit sie mit Peter alleine war, schlecht über die Kollegin. Kurz zuvor hatte Ella ihr noch Komplimente gemacht: »Süße, du siehst ja zauberhaft aus heute, und die Frisur – wow!«

Weitere zwei Stunden danach ging es nur noch um Kollegen, Nachbarn, gemeinsame Freunde und Bekannte. Jede und jeden machte sie mit vermeintlich humorvollen Bemerkungen nieder. Der Chef war »eine Mischung von Kasper und Teufel«, die Nachbarin »ein kugeliger Männerschreck«.

Das war zwar unterhaltsam, weil Ella sich immer so scharf ausdrückte, aber es fühlte sich auch falsch an, denn die Leichtigkeit fehlte und letztlich klang alles so negativ. Wenn Peter nach solchen Treffen nach Hause fuhr, fragte er sich manchmal, wie Ella wohl mit anderen über ihn redete. Trotzdem war das aber auch der Humor, den er mochte. Sie traute sich so vieles zu sagen und hatte keine Angst. Das imponierte ihm, und wenn er ehrlich war, hatte er auch ein wenig Respekt vor ihr und wollte es sich mit ihr nicht verscherzen.

Andere bloßstellen

Narzissten haben keinerlei Hemmungen, Menschen mit ihrem speziellen Humor vor anderen bloßzustellen. Beispielsweise plaudern sie ihnen anvertraute Informationen aus und ziehen die Dinge zugleich ins Lächerliche. Oder sie zielen genau auf die Eigenschaft oder Angewohnheit, die man selbst eben nicht so gerne vor anderen thematisiert haben möchte. Eltern verhalten sich häufig so gegenüber ihren Kindern und merken scheinbar gar nicht, was sie damit anrichten – zumal Kinder sich kaum dagegen wehren können.

Schamlos ironisch und sarkastisch

Der Sarkasmus und die Ironie von Narzissten führen oft dazu, dass einem deren Witze sprichwörtlich »im Hals stecken bleiben«, weil sie die Grenzen des Humors weit überschreiten. Sie erniedrigen Personen, Personengruppen, Minderheiten dadurch oft auf eine Weise, dass sich Betroffene sowie Außenstehende nicht sicher sein können, ob der Narzisst eine Aussage lustig oder ernst meint. Alle haben ein schales Gefühl – außer dem Narzissten.

Lokal geprägter Humor

Viele Narzissten schreiben sich einen »ganz besonderen Humor« zu, der auf ihrem regionalen Bezug gründet. Damit versuchen sie, sich einen Freifahrtschein für schlechtes Benehmen beziehungsweise bösen Humor auszustellen. »Das ist eben der norddeutsche trockene Humor«, »Wir Bayern sind da derber«, »Wir in Schwaben sagen ›Nicht geschimpft ist genug gelobt‹«.

Fallbeispiel Gast aus Bayern

»Ihr habt hier aber alle ordentlich Holz vor der Hütt'n, haha!«, witzelte der Gast aus Bayern bei einem Restaurantbesuch mit seinem Kegelverein in Dresden lautstark über die Kellnerin, die direkt neben ihm stand. Lautes Lachen von der Mehrheit der Männer am Tisch. Ein verschämtes Lächeln der Kellnerin und stilles Fremdschämen der Männer, die diesen Humor nicht teilten.

Es ist peinlich und schmerzhaft, wenn man von solchen Äußerungen betroffen ist. Breitet sich dann aber das Lachen um einen herum aus, fühlt man sich oft dennoch gezwungen, selbst mitzulachen. Später ist man hin- und hergerissen zwischen »Habe ich vielleicht zu wenig Humor?« und »Wieso habe ich auch noch mitgelacht, statt was dagegen zu sagen?«.

Gruppenhumor

Ob in der Schule, im Studium oder im Kollegium, in der Tankstelle, dem Supermarkt oder dem Forschungslabor, beim Sport, gemeinsamen Essen oder auf einer Party: Narzissten finden sich oft auch zu Gruppen zusammen, die vor allem dieser »spezielle Humor« zusammenhält, durch den sie permanent andere herabsetzen. Wahrscheinlich fühlt sich für Narzissten der Umgang in diesen Gruppen trotz der ungesunden Dynamik vertraut an. Es ist wie zu Hause und man fühlt sich verstanden. Die ungesunde Wirkung kann man nicht erkennen, da man etwas von früher Gewohntes wiederholt.

Verletzende Spitznamen vergeben

Narzissten geben anderen Menschen oft abwertende Spitznamen und werten sich so mit nur einem Wort selbst auf. Beispielsweise nennen Eltern ihre Tochter »Madame« oder »Fräulein«.

Häufig zielt der Narzisst auch hier auf die Besonderheiten oder den wunden Punkt einer Person, der oft zudem das ist, worauf der Narzisst neidisch ist: »Schlauischlau« oder »Schildkröte« wird der kluge Freund oder die intelligente Kollegin gerufen. Mit Verniedlichungen wie »unser Klausilein« verletzt ein Vater den längst erwachsenen Sohn, auch wenn dieser mehrfach betont hat, so nicht mehr genannt werden zu wollen. Ein Konkurrent wird mit »Dumbo« ebenso abgewertet wie die Bäckereiverkäuferin mit »das Monster« oder andere Gruppen mit »die Looser« oder »Gutmenschen«.

Fiese Spitzen und Randnotizen

Vor allem verdeckte Narzissten sagen nicht offenkundig ihre Meinung und üben nicht offen Kritik. Eher verbissen agieren sie im Hintergrund. Sie werfen kleine und aus ihrer Sicht »lustige« Randbemerkungen über jemand in ein Gespräch, sodass der andere dies durchaus mitbekommt, aber nicht direkt angesprochen ist.

Die Wirkung von schrägem Humor auf Betroffene

»Wie hat er das gemeint? Hat er das wirklich gesagt?«, fragt man sich kurz nach einem Gespräch mit einem Narzissten. Die Gedanken können auch viel später aufkommen, schräger Humor wirkt oft noch lange nach. Manchmal merkt man es sofort, manchmal erst viel später, wie abwertend ein Scherz war. »War das Absicht oder ein Versehen? Bin ich zu empfindlich?« Selbstzweifel breiten sich aus. Hat man einen geringen Selbstwert, beginnt man zu überlegen, ob der andere mit dem Scherz nicht auch ein Körnchen Wahrheit getroffen hat.

Manchmal stellen sich einem wegen eines bösen Scherzes sofort die Nackenhaare auf; man spürt genau, dass da etwas gar nicht in Ordnung ist. Man möchte sich dem entziehen, etwas sagen, etwas dagegen tun, aber oft bleiben einem die Worte im Hals stecken ob der Schamlosigkeit des anderen.

In Kürze: Schräger Humor

Narzissten nutzen Humor oft, um andere Menschen abzuwerten und so den eigenen Selbstwert zu erhöhen oder um ernsthaften Themen auszuweichen. Einige Narzissten machen ständig Scherze über alles und jeden, über vermeintliche Fehler, Schwächen, schlechte Eigenschaften oder Missgeschicke, über Anwesende wie Abwesende. Ironie, Sarkasmus, Randbemerkungen in einem Scherz verpackt – sie setzen jede Form von Humor auf höchst verletzende Weise ein. Häufig wird ihr Humor als lokal geprägt entschuldigt. Oft merkt das Umfeld erst später, wie abwertend einige Äußerungen waren.

Mitunter werden ganze Gruppen von Narzissten von dieser Art Humor zusammengehalten.

Reality-Check: Wie ist das bei mir?

- Was ist für dich guter Humor?
- Wie ist/war der Humor in deiner Familie?
- Darf Humor aus deiner Sicht auf Kosten anderer gehen?
- Kannst du in schwierigen Situationen auf deinen Humor zurückgreifen?
- Überdenke, welche Personen und Gruppen in deinem engen Umfeld häufig schrägen Humor einsetzen: Wie geht es dir damit?

Maries Tipps

- Wenn du etwas nicht lustig findest, musst und solltest du nicht lachen.
- Zeige es deutlich, wenn die Grenze des Humorvollen bei dir erreicht ist.
- Sage es sofort klar, wenn du etwas nicht witzig findest und was genau das ist.
- Frag bei einem »schlechten Scherz« oder abwertenden Randbemerkungen klar nach, wie das gemeint ist.
- Hab keine Hemmung, dem Narzissten mitzuteilen, wie seine Äußerungen auf dich wirken.

Passive Aggressivität

Diese Form der Aggressivität wirkt auf den ersten Blick harmloser als direkte Angriffe, doch sie ist es nicht.

Passive Aggressivität ist, so meine ich, eine der subtilsten Verhaltensweisen von Menschen. Sie ist nicht offen, sondern der Angriff erfolgt unterschwellig. Dadurch ist sie oft auch erst auf den zweiten Blick erkennbar. Umso wichtiger ist es, da genauer hinzuschauen. Besonders verdeckte Narzissten, die im Hintergrund agieren und den direkten Konflikt eher scheuen, verhalten sich im Umgang mit anderen häufig passiv-aggressiv.

Formen passiver Aggressivität

Die Varianten passiv-aggressiven Verhaltens sind vielfältig. Einige, die Narzissten besonders häufig einsetzen, stelle ich dir hier vor.

Dinge absichtlich unterlassen
Etwas absichtlich nicht zu tun, obwohl man es zugesagt hat, ist vermutlich die einfachste Form der passiven Aggressivität.

Im Alltag kann sich solches Verhalten in allen möglichen Situationen zeigen. Ein Klassiker ist, das dreckige Geschirr nicht in, sondern auf die Spülmaschine zu stellen, obwohl bereits mehrfach mit dem Partner besprochen wurde, dass jeder sein benutztes Geschirr selbst und sofort einräumt. Das kann durchaus dennoch gelegentlich passieren, aber eben nicht immer wieder. Augen auf, wenn sich solches Verhalten wiederholt!

Fallbeispiel Ayla und Boris

»Bringst du auch eine Flasche Rosé mit? Mia kommt später noch vorbei«, sagte Ayla zu ihrem Lebenspartner Boris. Sie hatten nur ein Auto momentan und Boris wollte noch kurz etwas besorgen. Das passte zeitlich perfekt, denn Mia wollte in einer Stunde da sein. Es gab keinen Wein mehr. Ayla und Mia liebten Rosé, der hatte bei ihnen Tradition. »Ja klar«, antwortete Boris und fuhr los.

»Wo ist der Rosé?«, fragte Ayla, als Boris wiederkam.

»Welcher Rosé?«

»Der für Mia und mich.«

»Hast du nichts von gesagt.«

»Doch, wir haben das besprochen.«

»Wieso brauchen wir Rosé, haben wir nichts anderes da?«, fragte Boris.

»Aber Mia mag Rosé. Und ich auch«, sagte Ayla.

»Mia kann auch Bier trinken, das habe ich noch da.«

»Aber das mag sie doch überhaupt nicht, das weißt du doch!«

»Was soll ich mir denn noch alles merken? Ich hatte einen anstrengenden Tag, damit du hier ein schönes Leben mit mir haben kannst. Jetzt stresst du mich allen Ernstes mit Rosé für diese verwöhnte Mia. Kann sie keinen mitbringen, die haben doch erst so groß gebaut? An Geld kann es denen doch nicht mangeln.«

Ayla sagte nichts mehr, sie fühlte sich wie so oft mies, wenn sie sich mit Boris schlecht verstand. Vielleicht hätte sie doch nichts sagen sollen. Boris hatte ja auch wirklich viel zu tun. Sie rief Mia an, entschuldigte sich, dass sie vergessen hatte, den Rosé zu kaufen, und bat sie, selbst welchen mitzubringen.

Es passierte häufig, dass Boris Versprochenes nicht machte. Besonders dann, wenn es um ihre Wünsche ging. Aber Ayla wusste auch, dass er sehr empfindlich war, wenn man ihn dafür kritisierte, deswegen machte sie das nicht mehr. Trotzdem ärgerte sie sich sehr über sein Verhalten. Sie merkte immer mehr, dass ihr in den letzten Jahren dadurch ziemlich viel Leichtigkeit verloren gegangen war.

Dinge zerstören

Missgeschicke passieren jedem: Wir verschütten Orangensaft auf dem Sofa der Freundin oder betreten die Wohnung unserer Eltern versehentlich mit dreckigen Schuhen. Wir entschuldigen uns, es tut uns leid und wir kümmern uns um den Schaden, wir putzen, reparieren oder leisten Ersatz für das Beschädigte. Wenn solche Situationen bei bestimmten Personen häufig auftreten und diese dann nicht für den Schaden einstehen, ihre Zuständigkeit nicht einmal eingestehen, dann können solche Beschädigungen auch Ausdruck von passiver Aggressivität sein. Häufig steckt Neid beispielsweise auf den Besitz anderer und eine daraus resultierende Wut dahinter. Oder der passive Täter hat unterschwellig durchaus die Absicht, den anderen zu verletzen, weil er selbst eine Kränkung erfahren hat und diese zurückzahlen will.

Fallbeispiel Olivia und Paulina

»Kannst du mir mal dein Valentino-Kleid leihen, Olivia? Ich bin auf eine Preisverleihung eingeladen und habe nichts Passendes«, fragte Paulina ihre Schwester Olivia.

Das Kleid hatte sich Olivia von ihrer Abfindung gekauft. Es war ihr heilig, weil der Gerichtsprozess gegen ihren Exarbeitgeber ein anstrengender Kampf gewesen war. Sie hatte sich damit dafür belohnt, dass sie diese schwere Zeit trotz allem ganz gut durchgestanden hatte. Außerdem hatte sie sich früher kaum etwas gegönnt. Das Kleid trug sie nur zu ganz besonderen Anlässen. Sie tat sich schwer, es zu verleihen, aber Paulina war schließlich ihre Schwester. Sie packte es ihr ein. »Aber bitte pass gut darauf auf«, bat sie Paulina noch.

Wochenlang erhielt Olivia ihr Kleid nicht zurück, immer wieder fragte sie nach und bekam nur ausweichende Antworten. Erst als Paulina Monate später zu Olivias Geburtstagsfeier kam, brachte sie es mit.

»Dein Kleid habe ich direkt in den Schrank gehängt«, sagte Paulina, »aber schau mal, da ist irgendwie was nicht okay gewesen mit der Naht.«
Olivia lief sofort ins Schlafzimmer, Paulina kam hinterher. Kaum hatte Olivia die Tür geöffnet, schossen ihr die Tränen in die Augen. »Was hast du gemacht!?«
»Sieht man doch gar nicht, das ist ja nur an der Seite.«
»Doch, das sieht man, warum hast du nichts gesagt?«
»Ach, Olivia, du hättest dich nur aufgeregt, dabei ist doch alles nicht so wild, das war auch schon da, glaube ich.«
Olivia blieb traurig zurück. Seit sie denken konnte, war es so mit Paulina. Olivia liebte etwas und behandelte es ganz vorsichtig – und Paulina machte es kaputt und leugnete es dann auch noch. Als Kind hatte Paulina Olivia ihren Kassettenrekorder nicht gegönnt und nach wenigen Tagen das Kassettenfach abgebrochen und sogar Olivias Lieblingsbarbie die Haare abgeschnitten.
War das alles Zufall? Wieso passierte das alles nur bei ihr? Warum kam nie eine Entschuldigung? Olivia hatte oft komische Gefühle und Vermutungen gegenüber Paulina. Doch dann meldete sich immer schnell auch das schlechte Gewissen, wie sie nur so schlecht über ihre Schwester denken konnte.

Andere stören und ärgern

Passive Aggression kann sich auch darin äußern, dass jemand gezielt (moralische) Grenzen Einzelner oder einer Gruppe oder Gemeinschaft überschreitet. Der Narzisst lässt immer wieder zu Ruhezeiten auf seinem Grundstück Baumaßnahmen durchführen, seit mit dem Nachbarn ein Konflikt schwelt. Das hält auch an, nachdem es mehrfach angesprochen wurde. Post verschwindet und Informationen gibt der Narzisst nicht wie vereinbart weiter. Die Bandbreite der Variationen, wie Narzissten andere stören und ärgern, ist ebenfalls unendlich.

Bösartige Narzissten ärgern ihr Umfeld so, dass sie sich häufig am Rande der Legalität bewegen. Sind sie mit ihrem Verhalten mehrfach erfolgreich, resultieren daraus schnell eine Selbstüberschätzung und infolgedessen auch überzogene Handlungen, die für sie dann durchaus auch juristische Konsequenzen nach sich ziehen können.

Narzissten nutzen, wie im Abschnitt »Schräger Humor« bereits beschrieben, oft auch abwertende Ironie, um andere zu ärgern. Auch dies ist eine Form von passiv-aggressivem Verhalten.

Andere vorführen

Ich habe bereits beschrieben, dass das Verhalten von Narzissten von dem Bestreben motiviert ist, sich selbst zu erhöhen. Dies erreichen sie auch, indem sie andere vorführen, und das ist ebenfalls eine Form der passiven Aggressivität. Wegen ihres fragilen Selbstwerts ist es für Narzissten kaum zu ertragen, wenn andere mehr Wissen und bessere Fähigkeiten als sie haben. Aus Sorge, in einem Vergleich als nicht kompetent wahrgenommen zu werden, führen sie Konkurrenten und Neider, die aus Sicht von Narzissten überall lauern, vor. Das ist für sie ein probates Mittel, ihre faktisch nicht vorhandene Überlegenheit zu demonstrieren beziehungsweise ihren geringen Selbstwert zu überspielen.

Fallbeispiel Luisa und ihr Chef

Luisa saß mit ihrem Chef, anderen Kollegen und einem der wichtigsten Kunden im Meeting. Im Vorfeld hatte Luisa, die sich als rechte Hand des Chefs wunderbar mit den Zahlen des Unternehmens auskannte, genau mit diesem besprochen, welche Datenauswertungen für den Kunden vorliegen sollten und welche nicht. Sie hatte ihm sogar eine Liste gemacht und die Auswertungen lagen exakt wie besprochen vor.

Doch mitten im Meeting schaute Herr Kühne, der Chef, Luisa plötzlich fragend an. »Frau Rosin, sagen Sie, wo sind denn jetzt die Detailauswertungen des letzten Jahres? Bin ich blind? Ich finde sie nicht.«

»Aber Herr Kühne, die sind doch … sie wissen doch«, stammelte Luisa.

»Ich weiß nur eins, Frau Rosin: Die Zahlen sind nicht da. Haben sie die im Urlaub liegen lassen?«, lachte er. »Meine Herren, sie sehen, nun ist das Controlling sprachlos, da muss das Management dann wieder ran!«

Luisa versank im Boden, es war doch abgeklärt worden, dass diese Zahlen nicht vorgelegt werden sollten. Aber der Vorgesetzte ließ auch nach dem Vorfall nicht mit sich reden. Er war der Chef und hatte recht, so sah er das.

Luisa grübelte lange darüber nach und fragte sich immer wieder: »Was sollte der Satz mit dem Urlaub bedeuten, was sollte das?« Sie hatte das leise Gefühl, dass es eine Racheaktion gewesen sein könnte. Vor Monaten hatte sie drei Tage Urlaub eingereicht und genommen, obwohl Herr Kühne sie gebeten hatte, den Urlaub zu verschieben. Denn das hatte er schon zum wiederholten Mal so gemacht, wenn sie Urlaub nehmen wollte. Und da sie bereits fast ein Jahr durchgearbeitet hatte, war sie gesundheitlich bereits so sehr am Limit gewesen, dass sie auch auf Drängen ihres Arztes in den Kurzurlaub gefahren war. Das hatte Herrn Kühne gar nicht gefallen. Je mehr sie darüber nachdachte, umso sicherer wurde Luisa sich, dass er ihr mit seinen Äußerungen im Meeting wohl seinen Unmut zeigen wollte.

Verminderter Augenkontakt

Wenn ein Narzisst weniger Augenkontakt als sonst zu seinem Gegenüber hält, kann dies ebenfalls eine passiv-aggressive Komponente haben. Er kommuniziert nicht offen, wenn etwas in der Beziehung nicht stimmt, und sagt nicht, was ihn stört. Wenn jemand seinen Wünschen nicht nachkommt oder ihn kritisiert oder ärgert, straft er diesen mit Nichtachtung und würdigt ihn keines Blickes.

Für den Betroffenen ist es dann oft ein Eiertanz herauszubekommen, was falsch gelaufen ist oder dem Narzissten fehlt. Denn dessen narzisstische und unrealistische Erwartung ist, dass die Menschen in seinem Umfeld seine Wünsche und Bedürfnisse erfühlen, was diese natürlich nicht leisten können. Narzissten setzen sich nicht erwachsen mit den damit verbundenen negativen Gefühlen auseinander, sie klären Dinge, die sie kränken oder ärgern, nicht mit den involvierten Menschen, sondern sie schaffen eine große Distanz zu ihnen, indem sie den Augenkontakt vermindern. Dabei ist verminderter Augenkontakt natürlich nicht immer passiv-aggressives Verhalten, es kann auch Hilflosigkeit in einer Situation, Verliebtheit, Unsicherheit und vieles andere mehr dahinterstehen. Es gilt genau hinzuschauen und nicht vorschnell zu urteilen. Auch hier kannst du darauf achten, ob und in welchen Situationen sich das Verhalten eventuell wiederholt!

Ständiges Vergessen

Den Geburtstag der Freundin vergessen? Eine Verabredung verschwitzt? Der Name der neuen Freundin deines Sohnes fällt dir einfach nicht mehr ein? Wem ist das noch nicht passiert?

Doch wenn das bei einer Person häufig vorkommt, obwohl sie bei anderen peinlich darauf achtet, dass ihre Erwartungen eingehalten werden, dann ist die Vergesslichkeit als passiv-aggressives Verhalten einzuordnen. Und Narzissten legen dieses häufig an den Tag; sie vergessen ständig Dinge, die man eben normalerweise nicht vergisst.

Wenn die Person geistig fit ist, hat diese auffällige Vergesslichkeit nichts mit Abgelenktsein, Unorganisiertheit oder Tollpatschigkeit zu tun, auch wenn Narzissten versuchen, das dem Gegenüber zu vermitteln.

Ignorieren, meiden und ausweichen

Bei Begegnungen auf der Straße, im Hausflur, auf einer Party, im Büro oder in anderen Situationen ignoriert der Narzisst das

Gegenüber. Ursächlich hierfür sind schwelende Konflikte, erfahrene Kränkungen oder taktische Gründe. Dem Betroffenen ist dabei oft völlig unerklärlich, warum der Narzisst sich so verhält. Beispiele:

- ◇ Im Hausflur grüßt ein Nachbar den anderen nicht mehr.
- ◇ Ein Kollege eines Konkurrenzunternehmens begrüßt beim Meeting alle mit Handschlag, nur Mitarbeiter aus dem Konkurrenzunternehmen nicht.
- ◇ Auf der Straße wechselt eine Bekannte kurz bevor die beiden aufeinandertreffen würden die Straßenseite.

Wenn es keine nachvollziehbare Erklärung gibt, warum eine Person eine andere ignoriert, und auch nicht auf Bemühungen dieser eingeht, ein klärendes Gespräch zu führen, hat diese entweder tatsächlich kein Interesse am Gegenüber oder handelt passiv-aggressiv. Bei Desinteresse wird dieses Verhalten stetig sein, Narzissten halten es mit der Aufmerksamkeit und dem Ignorieren oft mal so mal so, und bewirken dadurch die gewünschte Verunsicherung und Entwertung beim Gegenüber.

Ausschluss aus einer Gruppe

Dies ist eine andere Form der Bestrafung, die der Narzisst einsetzt, wenn er einen Konflikt nicht klären kann, und ebenfalls ein passiv-aggressives Verhalten:

- ◇ Die Schwester lädt ihren Bruder nicht zu ihrem runden Geburtstag ein, weil er ihr Wochen zuvor sein Auto nicht für einen Ostseetrip geliehen hat.
- ◇ Nachbarn in der Siedlung werden nicht über den für alle nutzbaren Sperrmülltermin informiert, weil deren neuer Bernhardinerwelpe letztens einmal in den Vorgarten eines Nachbarn gemacht hat und sie das nicht entfernt haben, aber dabei von dem Nachbarn beobachtet wurden.

Schlechte Stimmung verbreiten

Wenn Narzissten etwas nicht passt, verbreiten sie ohne viel zu sagen schlechte Stimmung. Sie sind schweigsam oder nölen, stöhnen und verziehen das Gesicht, aber spielen alles herunter und geben so dem Gegenüber keine Chance, den Anlass für die schlechte Stimmung herauszufinden und den Konflikt zu klären.

Fallbeispiel Karl und John

»Nein, es ist alles okay«, sagte John in einem bedrückenden Tonfall und Karl wusste sofort genau, dass dem nicht so war. Stundenlang schwieg John nun schon, und das nur, weil Karl sich für den Abend mit seinem guten Freund Stefan, der wegen seines Jobs einen Abend in der Stadt war, zum Bier verabredet hatte. John hatte sich in den Kopf gesetzt, mit Karl einen gemeinsamen Netflix-Abend zu machen.

»John, das können wir doch am Samstag machen«, sagte Karl, »das können wir jeden Tag machen. Du weißt doch, wie selten Stefan in der Stadt ist, seit er eine eigene Familie hat.«

»Das musst du wissen, wie gesagt: ist schon okay.« Johns Kopf blieb gesenkt. Nichts war okay. So war es oft: Er sagte etwas, aber die Worte passten nicht zu den anderen Signalen. Karl fühlte sich schlecht und verantwortlich für die miese Stimmung und fast dazu gedrängt, die Verabredung mit Stefan abzusagen. Er ging dennoch, hatte aber den ganzen Abend ein schlechtes Gewissen.

Die Wirkung passiver Aggression auf Betroffene

Narzissten, die sich passiv-aggressiv verhalten, vermitteln anderen Menschen dadurch ständig eine bedrückte und schlechte Stimmung. Oft ist den Betroffenen gar nicht unmittelbar erklärlich, was das Miteinander so belastet, da passive Aggression eben unterschwellig wirkt.

Es ist besonders verletzend für das Gegenüber, wenn dessen Selbstwert gering ist. Oft treten Selbstzweifel auf: »Sehe ich das falsch? Habe ich es falsch verstanden?«

In Kürze: Passive Aggression

Im Gegensatz zu offensichtlicher Aggression ist passive Aggressivität weitaus subtiler und dadurch schwerer erkennbar. Passiv-aggressives Verhalten zeigt sich in unterschiedlichen Facetten. Wiederholt Dinge absichtlich nicht zu tun, Besitz anderer zu beschädigen, sich grenzüberschreitend hinsichtlich sozialer Normen zu verhalten, Veranstaltungen zu sabotieren, sich ironisch zu äußern oder andere Menschen bewusst vorzuführen sind Formen von passiver Aggressivität. Ein verminderter Augenkontakt, Menschen bei Begegnungen und während Gruppengesprächen zu ignorieren oder einzelne Personen gezielt aus Gruppen auszuschließen können ebenfalls Zeichen passiver Aggressivität sein.

Narzissten nutzen passive Aggressivität, um ihrem Ärger Luft zu machen und andere zugleich abzuwerten und zu verunsichern. Sie klären Unzufriedenheit und Konflikte nicht, sondern äußern ihren Unmut durch diese Masche. Narzissten verhalten sich passiv-aggressiv, wenn sie sich gekränkt fühlen, neidisch auf andere sind und sich nicht im Mittelpunkt befinden. Anderen die Freude zu vermiesen kann ebenfalls ein Motiv für passiv-aggressives Verhalten von Narzissten sein, ebenso wie eigene schlechte Laune an anderen auszulassen und das Gefühl erfahrener Kränkung abzuwehren, indem sie es anderen zurückzahlen.

Passive Aggression wirkt auf andere bedrückend und verunsichert, da die Ursache für die schlechte Stimmung eben meist nicht offensichtlich ist.

Reality-Check: Wie ist das bei mir?

- ◇ Hast du in deinem Umfeld häufig mit Menschen zu tun, die sich passiv-aggressiv verhalten?
- ◇ In welchen Bereichen verhalten diese Menschen sich passiv-aggressiv?
- ◇ Wie geht es dir damit?
- ◇ Wie reagierst du auf passiv-aggressives Verhalten?

Maries Tipps

- ◇ Versuche Konflikte deutlich anzusprechen und sie zu klären.
- ◇ Auf passiv-aggressive Andeutungen hast du zwei gute Möglichkeiten, dir selbst zuträglich zu reagieren:
  Du kannst sie ignorieren oder sie klar benennen:
  »Wie hast du das jetzt gemeint, das verstehe ich nicht.«
- ◇ Sei dir bewusst, dass passiv-aggressives Verhalten mehr über den Menschen, der es äußert, aussagt als über dich. Denk besonders dann daran, wenn sich jemand öffentlich passiv-aggressiv verhält, also vor Publikum.

Komische Stimmung verbreiten

Gute Laune steckt an, schlechte leider auch. Narzissten wissen das und nutzen es für ihre Belange hemmungslos aus.

Negative Stimmungen gehören zum Leben und wir sind alle mal schlecht gestimmt. Es ist sogar wichtig für die Psyche, dass wir negative Stimmungen durchleben und verarbeiten. Das sollte aber kein Dauerzustand werden.

Niemand zieht gerne andere mit in sein eigenes Stimmungstief, man neigt dann eher dazu, sich zurückzuziehen. Bei Narzissten allerdings ist dies nicht so, im Gegenteil: Sie leben ihre Launen, ihre schlechten Stimmungen und ihre Stimmungsschwankungen bedenkenlos aus, um die eigene komische Stimmung zu verbreiten.

Wie schaffen Narzissten das, welches Ziel verfolgen sie mit dieser Masche? Wieso ist man selbst anfällig für jede Art von komischer Stimmung und fühlt sich dafür sogar schnell auch bei anderen verantwortlich? Das erkläre ich dir im Folgenden.

Durch schlechte Stimmung zum Ziel

In engem Kontakt mit einem Narzissten zu leben gleicht, wie ich bereits erwähnt habe, dem ständigen Balancieren auf rohen Eiern. Das Gefühl, das dieser Vergleich veranschaulicht, steht in engem Zusammenhang mit der Stimmungsmasche von Narzissten. Besonders verdeckte Narzissten äußern, wie ausgeführt, ihre Wünsche und Bedürfnisse nicht klar. Sondern sie bringen Dissonanzen und Kränkungen durch komische Stimmungen zum Ausdruck und versuchen so, beim Gegenüber Druck aufzubauen. Dabei gehen sie in den »Sissi-Modus«, wie ich es gerne nenne: Sie gehen in prinzessinnenartiger Erwartungshaltung davon aus, dass ihre »Untergebenen« erspüren, was gerade für schlechte Stimmung beim Narzissten sorgt, und sich sofort darum bemühen, das zu ändern, sodass sich die Stimmung der Prinzessin oder des Prinzen wieder hebt. »Untergebene« sind aus Sicht der Narzissten« alle Menschen in ihrem engen Umfeld – die Kinder, der Partner, Freunde, Angestellte oder Kollegen.

Dass für den Narzissten etwas nicht in Ordnung ist und schlechte Stimmung aufgezogen ist, zeigt er durch plötzliches Schweigen oder kurzsilbige Antworten und Rückmeldungen. Typisch sind solche Formulierungen:

- »Es ist alles okay.«
- »Dazu sage ich jetzt nichts.«
- »Das musst du schon wissen.«
- »Ein Seelenpartner spürt das.«
- »Dass ich dazu überhaupt noch etwas sagen muss …«

Solche Aussagen werden passiv-aggressiv (siehe vorheriges Kapitel) von einem weinerlichen Ton und einem vorwurfsvollen Blick untermalt, der das Umfeld wie ein Giftpfeil treffen soll.

Selbst bei wiederholtem Nachfragen bekommt man keine oder nur eine sehr unterkühlte Antwort. Das Umfeld soll gefälligst erspüren, was falsch gelaufen ist oder fehlt. – Was kann das sein? Im Alltag kann es ganz klassisch das Frühstücksei sein, das zu weich gekocht ist. Es kann auch ein gefühlter Mangel an Aufmerksamkeit sein, etwa wenn man sich gegen den – nicht ausgesprochenen – Wunsch des narzisstischen Partners alleine mit einer Freundin verabredet hat und etwas länger unterwegs gewesen ist oder wenn man auf eine Nachricht nicht sofort antwortet. Es kann die nicht aufgeräumte Wohnung sein, wenn der Narzisst spontan einen Freund mit nach Hause bringt. Es kann die Tatsache sein, dass die Freundin nicht Essen für beide zubereitet hat, obwohl sie nicht wusste, wann der Narzisst nach Hause kommen würde. Denn Narzissten lassen sich gerne bedienen und mögen es, wenn andere für sie springen. Kurz, es kann alles Mögliche sein: Irgendetwas passt dem Narzissten nicht und das soll nun vom Umfeld erst erspürt und dann möglichst umgehend nach seinen Vorstellungen geändert werden.

Wie die Verbreitung komischer Stimmung auf andere wirkt

Ständig auf der Hut zu sein und zu versuchen, die Wünsche eines anderen Menschen zu erkennen, zu erahnen oder zu erspüren und vorauseilend zu erfüllen, ist anstrengend. Und es ist schlichtweg unmöglich, diese unrealistische Wunschvorstellung von Narzissten zu erfüllen. Wir sind schließlich alle keine Hellseher und wollen es auch nicht sein.

Das Ansinnen der Narzissten, dass andere ihre Wünsche erahnen und vorauseilend erfüllen, widerspricht Beziehungen auf Augenhöhe.

Zudem leben wir in einer gleichberechtigten Gesellschaft, in denen Beziehungen auf Augenhöhe geführt werden: Frauen befinden sich auf Augenhöhe mit Männern und umgekehrt. Frauen müssen ihre Männer nicht bemuttern und bedienen. Das gilt natürlich auch andersherum. Narzissten wollen aber keine Beziehung auf Augenhöhe, sie wollen lieber, dass sich die Welt anderer um sie und ihre Wünsche dreht, und möchten die Kontrolle über andere haben. Schlechte Stimmung zu erzeugen ist eines ihrer Mittel, dies bei anderen Menschen zu erreichen.

Wenn eine andere Person das mitmacht, muss sie sich selbst beziehungsweise . die eigenen Wünsche und Bedürfnisse stark zurücknehmen und die Verantwortung für die schlechte Stimmung des Narzissten übernehmen. Wenn ein Mensch das häufig und automatisch aus einer Gewohnheit heraus macht, ist es möglich, dass dieses Verhalten bereits in der Kindheit geprägt wurde. So wurde man unglücklicherweise schon damals der »perfekte Geber« und Umsorger für ein narzisstisches Umfeld, wie beispielsweise die Eltern und Freunde. Es geschieht häufig, dass man ein solches früh geprägtes Verhalten im weiteren Leben fortsetzt. So nimmt man weiterhin das Selbst stark zurück und ist sensibel darauf eingestellt, beispielsweise in einer Partnerschaft jegliche Stimmungen zu übernehmen.

Das Erfüllen der unausgesprochenen Wünsche ist nicht nur ein aussichtsloses Unterfangen. Es ist zudem unerträglich anstrengend, dass der Narzisst einem immer wieder suggeriert: »Wenn du dich mehr bemühst, dann wirst du es schaffen zu erkennen, was ich will, und dann wird alles gut, dann bist du liebenswert.« Menschen im Umfeld des Narzissten werden wie eine Maus, der man einen Käse vor die Nase hält, um den Narzissten herumlaufen und unablässig versuchen, dem Narzissten die Wünsche von den Augen abzulesen und zu erfüllen. Sie arbeiten sich daran ab, es irgendwann zu schaffen und so den Punkt zu erreichen, an dem endlich – wie vom Narzissten suggeriert wurde – »alles gut« wird und keine schlechte Stimmung mehr herrscht und der Narzisst zufrieden ist.

Narzissten sind niemals zufriedenzustellen und das liegt an ihnen selbst.

Diesen Punkt wird es mit Narzissten aber nicht geben, und zwar nicht nur mangels hellseherischer Fähigkeiten, sondern auch, weil Narzissten selbst nicht wissen, was sie wollen, und die Wünsche ständig schwanken und grenzenloser werden.

Narzissten stabilisieren durch das Verbreiten schlechter Stimmung und in dem Zusammenhang das Manifestieren ihrer Erwartungshaltung auch ihren geringen Selbstwert. Während sie so ihre Unzufriedenheit zum Ausdruck bringen, entlasten sie selbst sich zudem von eigenem Ärger und von Kränkungen, üben Druck und Kontrolle auf die andere Person aus. Ein Gegenüber, das in einem narzisstischen Elternhaus aufgewachsen ist und schon immer die Rolle innehatte, Narzissten ihre Wünsche zu erfüllen, erkennt diese ungesunden Zusammenhänge in der Regel nicht, weil es dies als normal empfindet. Doch es ist durchaus möglich, diese Masche eines Narzissten zu erkennen, zu verstehen und auch selbst etwas in dem unguten Zusammenspiel zu ändern, wie du später in den Kapiteln »Dynamiken verstehen« und »Souverän mit Narzissten umgehen« lesen wirst.

Wie Kinder »Stimmungsfänger« werden

Manche Kinder wachsen mit einem schrecklichen unterschwelligen Auftrag ihrer narzisstischen Eltern oder eines narzisstischen Elternteils auf:

> »Finde den Fehler,
> entschuldige dich und
> büße für das, was du getan hast.«

Denn wenn Narzissten immer wieder eine bedrückende Stimmung verbreiten, indem sie lange Zeit schweigen und knappe Antworten geben, macht sich ein unsicheres Gegenüber, der Sohn oder die Tochter, ständig Gedanken darüber, weil es dieses Verhalten auf sich bezieht und sich schuldig dafür fühlt. Doch während Erwachsene das Verhalten des Narzissten noch kritisch hinterfragen können, haben Kinder narzisstischer Eltern diese Möglichkeit nicht. Sie sind abhängig von ihrer Mama und ihrem Papa und wollen von ihren Eltern nur eines: um jeden Preis geliebt werden. Können Erwachsene gegenüber Narzissten unter großer Anstrengung doch Grenzen ziehen, ist das für Kinder nahezu unmöglich.

Kinder spüren die Stimmung der Eltern auf und versuchen sie durch ihr Verhalten zu verbessern.

Wenn Kinder sich für Stimmungen ihrer Eltern verantwortlich fühlen, kann das anstrengend und belastend sein und

Betroffene von klein auf prägen. Sie spüren komische Stimmungen der Eltern seismografisch auf und versuchen potenzielle eigene Fehlleistungen zu erkennen sowie sich stets »brav und richtig« zu verhalten. Als – wie ich sie nenne – »Stimmungsfänger« werden diese Kinder hochgradig sensibel gegenüber jeder Art von Stimmung. Im weiteren Verlauf ihres Lebens neigen sie dazu, jegliche Stimmungen auf sich zu beziehen, und sie haben in dem Bereich starke Abgrenzungsprobleme. Es fällt ihnen schwer, sich von schlechten Stimmungen nicht angesprochen und sich nicht verantwortlich dafür zu fühlen.

Fallbeispiel Alexandra und ihre Mutter

Alexandra erinnert sich genau, wie es damals war, wenn sie von der Schule kam: Sie klingelte und schon, wenn sie das Gesicht ihrer Mutter sah, wusste sie, wie deren Stimmung war. Meistens schaute die Mutter verkniffen, sie stöhnte, denn sie hatte gekocht. Ihre Mutter hasste es zu kochen und an sich hasste sie es auch, sich überhaupt um Kinder zu kümmern. Wenn sie gut drauf war, gab es etwas Leckeres wie Kartoffelpuffer. War sie schlecht drauf, gab es etwas, was eines der drei Geschwister nicht mochte. »Heute was Gesundes, liebe Kinderlein«, sagte sie dann. Manchmal klang es wie in einem schlechten Film. Alexandras Bruder Paul verzog das Gesicht. »Nicht Bohnensuppe«, sagte er leise.
»Doch, mein Kind, du sagst es. Bohnen sind gesund!«
»Wieder mit dem Fettfleisch.«
»Das ist Schwein und das wird gegessen.«
Es war schrecklich für Paul, manchmal saß er zwei Stunden beim Essen, er mochte das fettige Fleisch einfach nicht. Aber er musste es essen. Seine Mutter hatte dabei offenbar sogar Spaß, sie telefonierte zugleich stundenlang mit ihrer Freundin. »Paul schmeckt mein Essen heute besonders gut«, erzählte sie ihr. Wenn Paul aufstehen und sich davonstehlen wollte, sagte die Mutter: »Du bleibst jetzt hier, bis der Teller leer ist, und wenn das bis

morgen ist!« Die Laune seiner Mutter wurde mit der Zeit wesentlich besser, während Paul geknickt vor seiner Suppe saß.
Auch später, als Alexandra längst erwachsen war, hatte das Verhalten ihrer Mutter schlimme Auswirkungen. Alexandra merkte, dass sie wesentlich empfindlicher und empfindsamer war als viele in ihrem Umfeld. Geräusche ließen sie aufhorchen, sie mochte es nie, wenn Menschen laut wurden. Neulich hatte sie reflexartig ihren Arm hochgerissen, als ihre Freundin Leila ihr aus Spaß einen Klaps auf den Hinterkopf geben wollte. Es war eine Nachwirkung von zu Hause, wo es häufig einen Klaps gab. »Wir müssen das tun, wenn du dich so verhältst, sonst lernst du es ja nie«, erklärte die Mutter immer dazu.
Alexandra war überhaupt ein eher leiser Mensch, wollte niemandem zur Last fallen. Belastend war, dass sie wirklich jede Art von Stimmung aufnahm und blöderweise oft bei sich selbst die Verantwortung dafür sah – so wie sie es von klein auf durch ihre Mutter gelernt hatte.
Erst neulich war sie beim Bäcker gewesen. Das war ihr Ritual, jeden Morgen ging sie mit ihrem Lieblingsbecher zum Bäcker im Kiez und oft plauschten sie und die Verkäuferin und wünschten sich einen schönen Tag. Doch seit einer Woche war alles anders: Die Verkäuferin lächelte nicht, da war kein freundliches Wort mehr – und das machte Alexandra schwer zu schaffen. Immer wieder fragte sie sich, was passiert war, dass die Verkäuferin nun so merkwürdig war. Hatte Alexandra etwas Falsches gesagt? Hätte sie mehr Trinkgeld geben müssen? Das war wirklich belastend für sie. Sie wusste selbst, dass sie es mit dem Nachdenken oft übertrieb. Sie traute sich auch nicht, die Verkäuferin darauf anzusprechen. Das ging mehrere Wochen so, dann normalisierte sich die Lage.
Durch einen Zufall erfuhr Alexandra später, was passiert war. Die Verkäuferin hatte herausgefunden, dass ihr Mann sie schon seit längerer Zeit mit einer Bekannten betrog … Die Stimmung hatte also gar nichts mit Alexandra zu tun gehabt, sondern mit der privaten Situation der Verkäuferin.

Wie Narzissten komische Stimmung verbreiten

Die Zahl der Anlässe für die Stimmungsmasche ist wie bereits beschrieben unendlich und die Narzissten sind hinsichtlich der Varianten und des Vorgehen ziemlich kreativ. Auf einige besonders häufige Vorgehensweisen mache ich dich nun aufmerksam.

Im Tal der Tränen

Wenn Dinge im Leben nicht optimal laufen, ist das kein schönes Gefühl. Es ist dann auch vollkommen legitim, traurig, wütend und enttäuscht zu sein und auch mal keinen Ausweg zu sehen. Bei Narzissten jedoch kann das eine permanente Stimmungslage sein, eine Masche. Der Unterschied zu anderen, die gelegentlich schlecht gestimmt sind, ist: Narzissten wollen die Situation nicht verlassen und katapultieren sich sogar selbst permanent in irgendwelche misslichen Lagen. Sie kaufen beispielsweise eine Schrottimmobilie, weil sie zu faul sind, zur Besichtigung zu fahren, und schlittern deshalb in ein finanzielles Desaster. Oder sie verschlafen einen dringend notwendigen Arzttermin bei einem Spezialisten und leiden dann bis zum Ersatztermin unsäglich unter der sich verschlimmernden Krankheit.

Statt das eigene Handeln zu reflektieren, daraus zu lernen und selbst etwas für die Verbesserung der Situation zu tun, legen Narzissten auch in solchen Fällen die Verantwortung anderen zur Last. Aus Sicht des Narzissten tragen andere die Schuld für das, was ihm widerfahren ist.

»Die Beschreibung der Immobilie war nicht richtig«, wird er sagen. Oder: »Ich habe Monate auf den Arzttermin gewartet, als wenn da zwei Stunden Verspätung was ausmachen würden! Schließlich geht es mir sehr schlecht.«

Ein erwachsener Mensch übernimmt für sein Handeln selbst die Verantwortung. Anders der Narzisst: Er gibt anderen die Schuld. So entsteht eine schlechte Stimmung, die sich in Groll auf die aus seiner Sicht Schuldigen äußert.

Durch die permanente Unzufriedenheit der Narzissten und infolge ständiger Katastrophen, die eintreten, weil der Narzisst an seinem Verhalten nichts ändert, entsteht eine negative Grundstimmung. Die wirkt sich stark auf sein Umfeld aus. Wenn bei jedem Treffen und täglich nur Negatives angesprochen wird und es immer nur darum geht, was dem Narzissten wieder Schlechtes geschehen ist, dann ist das anstrengend. Für Menschen in seinem Umfeld, die in solchen Stimmungslagen automatisch die Verantwortung übernehmen und sich daran abarbeiten, immer neue Katastrophen abzuwenden, nimmt das viel Zeit in Anspruch. Vor allem aber ist es äußerst frustrierend. Eigene Wünsche und das eigene Glück können dabei auf der Strecke bleiben.

Fallbeispiel David und Andrea

David kannte Andrea schon ewig, seit ihrer Ausbildung. Andrea war immer sehr verbissen, selten freudvoll. David war das Gegenteil und er hatte für alles eine Lösung, auch für Andrea. Das kostete ihn viel Kraft. Andrea gefiel ihr Job nicht, also schickte er ihr Stellenausschreibungen und sprach mit Bekannten, um etwas für sie zu finden. Die Sache scheiterte schließlich daran, dass Andrea einfach keine Bewerbung schrieb. Weil sie in dieser schwierigen Zeit niemanden hatte, mit dem sie verreisen konnte, buchte David eine schöne Finca und nahm sie mit in einen Urlaub auf Mallorca. »Viel zu heiß hier – und diese vielen Touris!«, meinte Andrea. Sie fand wie immer das Haar in der Suppe.

»Andilein, schau mal: das Wetter herrlich, die Unterkunft so schön!«

»Aber der Strand ist voller Menschen.«

»Wir können an den Geheimstrand fahren, von dem Denis erzählt hat.«

»Und wieder ewig im Auto sitzen?« Andrea schwieg fortan, sie war schlecht drauf. Andreas Laune verdarb David den Urlaub. Als er sie auf ihre permanent schlechte Stimmung ansprach, sagte

sie nur vorwurfsvoll: »Nun sei nicht so empfindlich, man wird ja wohl auch mal schlecht drauf sein dürfen. Was kann ich dafür, wenn du immer so einen Stress machst.« Dann schwieg sie, bis sie den Flieger in Deutschland verließen. Für David waren diese Stimmungen belastend, aber er mochte Andrea trotzdem, schließlich kannten sie sich schon so lange.

Plötzlicher Stimmungswechsel

Narzissten neigen zu extremen Stimmungswechseln. Menschen in ihrem Umfeld sind diese unerklärlich, denn sie entstehen häufig dann, wenn Nähe aufkommt, sie selbst positiv gestimmt und gelöst sind und es gar nicht mitbekommen haben, dass der Narzisst sich gekränkt fühlt oder dass er einen Kontrollverlust fürchtet. Stimmungswechsel haben ganz ähnliche Gründe, wie ich sie schon beim Thema Streit erläutert habe.

Fallbeispiel Moritz und Emmi

Es war schon immer nicht so leicht gewesen mit Emmis Stimmungen. Kaum äußerte Moritz mal einen Wunsch, beispielsweise dass er am Wochenende mal etwas anderes unternehmen wollte als Emmi, wurde die Stimmung schlecht. Emmi redete plötzlich nicht mehr mit ihm. Moritz versuchte dann unablässig Emmi seine Ideen zu erläutern und er suchte nach Kompromissen, die Emmi aber gar nicht in Betracht zog. »Wie kann sie nur so sein«, dachte Moritz. Er grübelte, warum Emmi ihn da nicht verstand, und er fühlte sich nicht gut behandelt. Er wollte doch einfach nur am Wochenende mal nach einem neuen Surfboard schauen, aber das passte ihr nicht. »Immer verplanst du alles nach deinen Wünschen.« Dabei ging es nie nach seinen Wünschen, aber was sollte er tun, schließlich wollte er sie auch nicht verlieren und sowieso wollte er nur noch, dass die Stimmung endlich wieder besser werden würde.

Zerstörung jeglicher Freude

Sobald eine positive Stimmung aufkommt oder andere Erfolge haben, geben Narzissten sich sehr viel Mühe, diese dem anderen madig zu machen. Narzissten können es schlecht ertragen, wenn bei anderen Freude oder Ideen, ein schönes Lebensgefühl oder Glücksgefühle aufkommen, denn dann droht ihnen Kontrollverlust – und den möchten sie schon im Keim ersticken.

Hat der Freund einen lukrativen Auftrag an Land gezogen, tanzt durch die Wohnung und macht Pläne, dann bereitet der Narzisst der Freude mit abwertenden Bemerkungen schnell ein Ende. Wer würde sich von »Man soll ja den Tag nicht vor dem Abend loben« oder »Noch ist das nicht umgesetzt« nicht herunterziehen lassen?

In Kürze: Komische Stimmungen

Narzissten versuchen mit ihrer Stimmung andere Menschen zu beeinflussen, um ihre Ziele zu erreichen. Sie erzeugen auch schlechte Stimmung, um Wut, Trauer oder Enttäuschung beim Gegenüber abzuladen. Die schlechte Stimmung kann aus einer ständig misslichen Lage oder dem Grundgefühl, immer der Verlierer zu sein, resultieren. Narzissten wollen daran selbst häufig nichts ändern, sie katapultieren sich selbst in eine unglückliche Lage.

Das Verhalten kann für andere schlimme Folgen haben. Insbesondere Kinder narzisstischer Eltern werden darauf konditioniert, genau auf die Stimmungen des Umfelds zu reagieren und sich dafür verantwortlich zu fühlen. Das kann ihr gesamtes Leben beeinträchtigen, da sie als »Stimmungsfänger« Stimmungen geradezu aufsaugen. Das zu erkennen ist die Voraussetzung dafür, die schlechte Stimmung anderer nicht zu übernehmen und zu verantworten.

Reality-Check: Wie ist das bei mir?

- ◇ Gibt es in deinem Umfeld Menschen, die ständig schlechte Stimmung haben?
- ◇ Wie äußert sich das?
- ◇ Nimmst du diese Stimmungen automatisch auf? Und fühlst du dich dafür verantwortlich, sie zu verbessern?
- ◇ Wie äußert sich das?
- ◇ Hast du dich schon als Kind sehr häufig verantwortlich für die Stimmung deiner Eltern gefühlt?
- ◇ Wie hat sich das damals geäußert?

Maries Tipps

- ◇ Beziehe nicht jede Stimmung auf dich.
- ◇ Frage klar nach, wenn du unsicher bist: »Ist etwas passiert, dass die Stimmung nun so ist?« Wenn die Antwort »Nein« ist, akzeptiere es – egal in welcher Tonlage und mit welcher Mimik geantwortet wurde. Solltest du jemand verletzt haben, kann er oder sie dir das klar kommunizieren.

Typische Sätze als Signal

Unbewusst weisen uns Narzissten deutlich darauf hin, dass und welche Maschen sie nutzen: durch Sätze, die sie häufig äußern.

Bestimmte Äußerungen von Narzissten sagen viel über sie selbst und ihre Maschen aus, wenn sie diese häufig machen. Welche das sind, auf welche narzisstischen Maschen sie hinweisen und was sie beim Gegenüber bewirken können, darum geht es in diesem Abschnitt. Einige dieser typischen Sätze, die Narzissten besonders häufig verwenden, und die dahinterstehenden Maschen erläutere ich im Folgenden. Da die Sätze und Maschen unterschiedliche Auswirkungen auf das Gegenüber haben, beschreibe ich diese in diesem Kapitel nicht zusammenfassend anschließend, sondern jeweils direkt im Zusammenhang mit den Signalsätzen.

Wenn jemand einen solchen Satz gelegentlich nutzt, ist er noch lange kein Narzisst, hört man diese jedoch sehr oft von einer Person, dann lohnt sich ein genauer Blick.

»Das musst du schon selber wissen«

Es gibt Sätze, die, wenn sie immer wieder geäußert werden, verraten, dass das Gegenüber sich aus der Verantwortung ziehen will. Wie ich im Abschnitt »Komische Stimmungen« beschrieben habe, äußern insbesondere verdeckte Narzissten ihre Meinung nicht offen und klar. Sie haben auch selten eigene Ideen. Deshalb winden sie sich wie ein Aal, wenn sie ihre Meinung klar äußern oder Verantwortung übernehmen sollen. Typische Sätze, mit denen sie sich aus der Affäre ziehen, sind:

- »Dazu kann ich nichts sagen, das musst du selbst wissen.«
- »Kann ich so nicht sagen ...«
- »Da will ich mich jetzt nicht einmischen.«

Es ist eine Masche von Narzissten, sich nicht klar zu äußern und nichts zu entscheiden. Wenn andere dann entscheiden und daraus etwas Negatives folgt, erklären Narzissten nicht selten, dies bereits im Vorfeld gewusst zu haben. »Das habe ich ja vorher schon gewusst, aber ich wollte mich nicht einmischen.« Das macht die andere Person wütend, es frustriert sie, da sie nicht nur ständig die Entscheidungen treffen, sondern auch die gesamte Verantwortung für alles Weitere tragen muss. In Beziehungen fühlen davon Betroffene sich oft, als würden sie als Single leben.

Narzissten ziehen sich gerne aus der Verantwortung, da so aus ihrer Sicht nichts Negatives auf sie zurückfallen kann. Passen dem Narzissten jedoch die Entscheidungen des anderen nicht, zeigt er das über komische Stimmungen (siehe oben) oder er torpediert Entscheidungen.

Kann sich der Partner, Kollege oder Freund des Narzissten in solchen Situationen schlecht abgrenzen, übernimmt er sowohl die Entscheidung als auch die Verantwortung. Läuft dann infolge der Entscheidung etwas schief, verantwortet er im schlimmsten Fall – so, wie der Narzisst es wünscht – das Ergebnis. Womöglich hegt er sogar Selbstvorwürfe: »Beim nächsten Mal muss ich das besser machen, schließlich lag es ja an mir.«

Fallbeispiel Cynthia und Kevin

Cynthia und Kevin wollten Cluburlaub machen. Wenn Cynthia Kevin zum Planen und Buchen bewegen wollte, meinte er immer nur: »Ach, entscheide du, in welchen Club wir gehen, ist mir egal.« Kurz vor Urlaubsbeginn suchte Cynthia schließlich aus dem inzwischen stark reduzierten Angebot einen schönen All-in-Club in der Türkei aus.

Im Club angekommen begannen sofort Kevins ständige Sticheleien: »Das Essen war auch schon mal wesentlich besser.« Oder: »Ich mag ja Marokko sehr.« Im Hotel gab es laut Kevin »zu viele Idioten«, das Zimmer war »zu klein« und das Sportangebot seiner Meinung nach »unterirdisch«. Ständig gab es Konflikte, Cynthia war in Daueranspannung und im Dauereinsatz, um den Buschbrand schlechter Laune zu löschen.
Zu Hause angekommen sagte Cynthia völlig verunsichert: »Der Cluburlaub dort, der war jetzt leider nicht so super.«
»Na ja, ich habe es ja geahnt, aber ich wollte nichts sagen – Türkei, und dann noch dieser Club, diese Kombi ging für mich ja gar nicht.«
Dabei hatte er sich doch komplett aus der Planung herausgehalten. Doch sie traute sich nicht, Streit darüber zu beginnen. Es war einfacher, ihm recht zu geben. Aber ohne sein Verhalten wäre es schön dort gewesen, dachte sie bei sich. Statt etwas zu sagen, nahm sie alle Verantwortung auf sich. »Das nächste Mal muss ich besser schauen und auswählen«, fasste sie ihr Verhalten zusammen und fühlte sich tatsächlich auch irgendwie mies und schuldig, den Urlaub zerstört zu haben.
»Wenigstens siehst du es ein«, sagte Kevin, »du musst viel lernen.«

»Das weiß ich nicht, das musst du selbst mit ihr klären. Ich kann dir nur sagen, was sie gesagt hat.«

Eine weitere Masche von Narzissten ist es, Zwietracht und Missgunst zwischen Menschen zu streuen. Predigen sie vordergründig, wie wichtig ihnen Harmonie und Friede sind, spielen sie häufig im Hintergrund andere Menschen gezielt gegeneinander aus.

Insbesondere verdeckte Narzissten mögen es, im Verborgenen die Strippen zu ziehen. Offene Narzissten agieren ganz ungeniert. Im Job bringt ein Kollege den Chef gegen einen Konkurrenten auf. Der Ehemann versucht die Freundinnen seiner

Frau immer wieder in ein schlechtes Licht zu rücken. Eltern spielen Geschwister gegeneinander aus.

Fallbeispiel Leila und ihre Eltern

Leila hat lange nichts von ihrem Bruder gehört, das war seltsam. Sie telefonierte wie immer am Sonntag mit ihrem Vater: »Sag mal, ist mit Tobias alles okay? Ich habe seit Wochen nichts mehr von ihm gehört.«

»Dazu kann ich nichts sagen«, sagte Leilas Vater. »Er hat erzählt, dass er wegen einer Sache enttäuscht war, aber mehr kann und will ich dazu wirklich nicht sagen.«

Leila fragte weiter nach: »Sag mir doch, was los ist, wenn du es weißt.«

»Ist was Finanzielles«, presste er schließlich heraus, »aber sag ihm nicht, dass du das von mir hast.«

Leila war nun alles andere als beruhigt. Was Finanzielles? Was sollte das sein? Ihren Bruder konnte sie nicht erreichen, Tobias ging weder ans Telefon, noch las er ihre Nachrichten. Sie konnte sich nicht erklären, was mit ihm los war. Was sollte diese Funkstille? Sie war doch sonst so vertraut mit ihrem Bruder.

Dabei waren es Leilas Eltern selbst, die im Hintergrund Missgunst unter den Geschwistern verbreiteten. Sie hatten dem Bruder von Leilas Plänen für den Hausbau erzählt – und auch, dass sie die Eltern um Geld gebeten hatte. Doch die Eltern hatten Tobias gegenüber verschwiegen, dass Leila an ein privates Darlehen dachte, das sie vollständig zurückzahlen würde.

»Deine Schwester will 20000 Euro von uns«, hatten sie Tobias erzählt. »Ob wir das je zurückbekommen? An dich scheint sie jedenfalls nicht zu denken. Sprich sie aber jetzt bloß nicht darauf an, Tobias, bestimmt verdreht sie alles wieder.« Nun glaubte Leilas Bruder, dass seine Schwester seine Eltern hinter seinem Rücken gebeten hatte, ihr 20000 Euro zu schenken. Das traf ihn ins Herz. Konnte das wirklich sein? Wollte seine Schwester sich Geld für ihr

Haus erschleichen? Tobias war verwirrt, wollte seiner Mutter aber auch nicht in den Rücken fallen und mit Leila reden. »Ich kann verstehen, wenn du sauer bist«, hatte die Mutter gesagt. »Du musst bei deiner Schwester halt aufpassen, so nett sie auch scheint.«
Das Geschwisterverhältnis war seither gestört. Tobias vermied es, Leila zu treffen, und war ihr gegenüber sehr einsilbig. Leila war traurig und konnte sich das alles nicht erklären.

»Alles Flachpfeifen, die haben doch keine Ahnung«

Smart sein, das ist für Narzissten aufgrund ihres geringen Selbstwerts ein wichtiger Punkt. Deshalb stellen sie sich gerne als wesentlich schlauer als der Rest der Welt dar oder geben sogar an, hochbegabt zu sein. Sie erfinden neue Hochbegabtenfelder und stellen unhaltbare wissenschaftliche Thesen auf. Spricht man sie darauf an, erwidern sie beispielsweise, dass dies noch nicht erforscht und deshalb nicht messbar sei. In ihren Augen sind alle anderen dumm und sie zählen zu den Schlauen und Besonderen. Deshalb halten sie stundenlang narzisstische Monologe und verwenden eine geschwurbelte, mit Fremdwörtern gespickte Sprache. Sie verteilen Spitzen, die Kenntnisse und das Tun anderer abwerten: »Diese Kleingeister: Ich hätte es ja machen können, aber mich hat ja wie immer keiner gefragt.«

»Bist du nun für oder gegen mich?«

Es ist eine weitere Masche von Narzissten, andere mit ihrem stark ausgeprägten Schwarz-Weiß-Denken unter Druck zu setzen:

- »Liebst du mich eigentlich oder hasst du mich?«
- »Bist du für oder gegen mich?«
- »Sei meiner Meinung, oder du gehörst nicht mehr dazu.«

Etwas anderes als »Hopp oder top« gibt es bei Narzissten oft nicht. Sie denken in Extremen und Gegensätzen, ihnen fehlen die ganze bunte Farbpalette, die Abstufungen, die Grauzonen und die Übergangsbereiche, die es in jedem Leben geben sollte.

Dieses Schwarz-Weiß-Denken wird auch als »dichotomes Denken« bezeichnet, ein Denken in nur zwei Kategorien, die sich nicht überschneiden und nicht berühren, sondern in extremem Gegensatz zueinander stehen.

Dichotomien sind beispielsweise: gute Menschen oder böse Menschen, Gewinner oder Verlierer, Täter oder Opfer, schlau oder dumm, ganz oder gar nicht, Freund oder Feind, perfekt oder unperfekt.

Wissen: Dichotomisches Denken

Die Welt ist nicht nur schwarz oder weiß, sie hat viele Farben. Eine gesunde Sichtweise berücksichtigt alle Farben und auch die Übergangsbereiche zwischen den Farben. Menschen, die nur an Extremen interessiert sind, neigen dagegen zur Vereinfachung und Pauschalisierung. Wenn sie ohne Überschneidungsbereiche in zwei Extremen denken, nennt man dies in der Psychologie dichotomes Denken.

Dies ist nicht immer krankhaft; problematisch wird es, wenn diese Sichtweise dauerhaft vorherrscht. Dann kann es ein Anzeichen für eine Störung sein.

Narzissten neigen stark zum dichotomen Denken. Ihnen fehlt aufgrund ihrer inneren Struktur der Spielraum, mehr als einfache Gegensätze zu sehen, und auch die Möglichkei, dies zu erkennen. Häufig haben Narzissten dieses Denken von ihren narzisstischen Eltern gelernt.

»Wenn du so superschlau bist, dann mach es doch besser«

Auf Kritik reagieren Narzissten wegen ihres geringen Selbstwertes empfindlich; sie sind leicht gekränkt. Narzisstische Wut kommt auf und es folgt Schweigen oder eine beleidigte Antwort. Dies führt zu keiner konstruktiven Auseinandersetzung mit der Kritik. Ist die andere Person sehr sensibel und harmoniesüchtig und hat sie wenig Selbstwert, bringt der Narzisst sie mit dieser Masche dazu, sich zu entschuldigen – auch dann, wenn die Kritik berechtigt war. Der Narzisst hat sich auf diese Weise erfolgreich der Kritik entzogen.

»Ich möchte ja niemandem zur Last fallen, aber es wäre schön, wenn …«

Mit solchen Sätzen erpressen Narzissten ihr Umfeld oft emotional. Wenn das Gegenüber keinen starken Selbstwert hat, fallen sie auf fruchtbaren Boden. Statt um etwas zu bitten, bringen Narzissten andere so zum gewünschten Handeln. Sie tun das aus Sicht des Narzissten dann aus eigenen Motiven: »Ich habe dich ja nicht gebeten« ist ein typischer Satz, wenn man spiegelt, was man alles für sie getan hat.

»Blumen hat mir mein Mann ja schon lange nicht geschenkt«

Um etwas von jemand zu erhalten, setzen Narzissten oft eine weitere Masche ein: Sie äußern ständig Beschwerden darüber, zu wenig bekommen zu haben – seien es materielle Dinge oder Aufmerksamkeit. Sie bringen oft auch im Beisein anderer zum Ausdruck, dass ihnen etwas vorenthalten wird und sie zu kurz gekommen sind: »Wenn das meine Kinder mal für mich machen würden. Aber Undank ist der Welten Lohn.«

Bei anderen können solche Sätze ganz schnell Gefühle der Unzulänglichkeit triggern. Sie bemühen sich noch mehr, schenken dem Narzissten noch mehr Aufmerksamkeit und Dinge. So versucht der Narzisst ständig, die Grenzen hinsichtlich dessen, was das Gegenüber zu geben und zu tun bereit ist, zu erweitern.

In Kürze: Typische Sätze als Signal

Sätze und Lebensmottos, die Narzissten häufig äußern, spiegeln ihre Maschen und ihre Grundeinstellung wider.

Häufig bedienen Narzissten sich solcher Sätze, um Ziele zu erreichen. Ist das Umfeld empfänglich dafür, kann der Narzisst bei Versuchen, es für seine Ziele zu missbrauchen, ein leichtes Spiel haben. Einige ihrer Standardsätze dienen ihnen dazu, ihr Image zu verbessern und dadurch ihren geringen Selbstwert zu stärken. Mit Äußerungen, die andere emotional erpressen, versuchen Narzissten ihren Forderungen Nachdruck zu verleihen. Andere typische Sätze verweisen auf die Schwarz-Weiß-Sicht von Narzissten, die polarisiert und ihnen dazu dient, die Dinge zu vereinfachen und dafür empfängliche Menschen zu beeinflussen.

Diese Maschen zu erkennen kann ein erster Schritt sein, sich nicht von typischen Sätzen beeinflussen oder ausnutzen zu lassen. Hierin aufmerksam zu sein hilft auch, eine mögliche eigene Schwarz-Weiß-Sicht wahrzunehmen.

Reality-Check: Wie ist das bei mir?

- Kennst du typische Sätze von Narzissten?
- Kennst du Menschen, die diese oder ähnliche Lebensmottos äußern?
- Hast du diese Sprüche selbst übernommen und wie fühlst du dich damit?
- Haben deine Eltern eine Schwarz-Weiß-Sicht auf die Welt und die Menschen?
- Neigst du auch zu dieser Schwarz-Weiß-Sicht? Wenn ja, wie äußert sich diese? Hast du sie in bestimmten Bereichen?

Maries Tipps

- Hör genau hin, welche Lebensmottos Narzissten häufig verkünden, denn sie sagen viel über sie aus.
- Blende Signalsätze von Narzissten nicht aus, überhöre und entschuldige sie nicht, denn sie sind so gemeint, wie sie gesagt wurden.
- Fordere Entscheidungen von deinem Gegenüber ein und schau genau, was dann passiert.
- Wenn du eine Entscheidung für einen Narzissten mittreffen musstest, weil er sich aus der Verantwortung gezogen hat, lass dir negative Folgen nicht anlasten. Grenze dich da klar ab.
- Wenn du selbst einen starken Hang zur Schwarz-Weiß-Sicht hast, versuche die Ursache herauszufinden. Erweitere deinen Blickwinkel, indem du in Situationen gezielt nach einer oder zwei Alternativen, sozusagen weiteren Farben Ausschau hältst.

Maschen von Narzissten in der Liebe

So attraktiv sich Narzissten am Anfang darstellen,
so schwer ist es, sich aus ihrem Bann zu lösen.

Narzissten wenden in der Liebesbeziehung eine Reihe von Maschen an: vom Kennenlernen – ob offline oder online – über die Beziehung bis zum bitteren Ende und darüber hinaus. Sie sind gut zu erkennen, wenn du Bescheid weißt.

Love Bombing: zu schön, um wahr zu sein

Viele Narzissten verhalten sich beim Kennenlernen extrem. Sie überschütten das begehrte Gegenüber mit Aufmerksamkeit und Komplimenten.

Wissen: Love Bombing

In der Annäherungsphase bombardieren Narzissten ihr Gegenüber regelrecht mit positiven Äußerungen. Daher wird diese Masche *Love Bombing* (Degges-White, 2018) genannt. Die andere Person wird durch die süßesten Worte im Sturm erobert. Ziel des Love Bombings ist es, das Gegenüber für einen selbst zu begeistern. In manipulativer und bösartiger Ausprägung geht es darum, jemanden gefügig und emotional abhängig zu machen.

Es ist natürlich normal und sehr schön, wenn Gefühle ausgelebt werden, und eine eindeutige Grenze zwischen unbedenklichen Signalen einer Verliebtheit und einem Liebesbombardement ist schwer zu ziehen. Doch es gibt einige Anzeichen für ein Zuviel des Guten:

- ◇ Der Narzisst spricht häufig davon, füreinander bestimmt zu sein, und von »Seelenverwandtschaft« (mehr dazu siehe unten).
- ◇ Der Narzisst nimmt überall und zu jeder Tages- und Nachtzeit Kontakt zu der neuen Liebe auf: Er ruft an, schickt kleine Nachrichten auf Zetteln oder digital. Das schmeichelt dem Umworbenen, aber es raubt einem auch fast den Atem, denn zugleich erwartet der Narzisst, dass man immer erreichbar ist. Dahinter steht sein Wunsch, alles unter Kontrolle zu haben.
- ◇ Der Narzisst unternimmt ständig Aktionen, die Außenstehende sehen und beeindrucken sollen, wie überdimensionierte Blumensträuße an den Arbeitsplatz der neuen Liebe zu schicken oder offene Liebesbekundungen auf Feiern in Szene zu setzen.
- ◇ Ständig sagt der Narzisst der anderen Person, wie besonders sie ist.
- ◇ Der Narzisst betont ununterbrochen, wie harmonisch die Beziehung ist. »Wir streiten uns nicht und werden uns auch nie streiten« ist ein typischer Satz, durch den ein Gegenüber mit geringem Selbstwert sich bald nicht mehr traut, einen Konflikt offen auszutragen oder auch nur Kritik zu äußern.
- ◇ Kritische Themen und ihm unangenehme Fragen zur Vergangenheit wehrt der Narzisst durch Phrasen ab: »Hasilein, nichts ist vergleichbar mit dir und uns – mach uns doch den Moment nicht kaputt, was kümmert uns meine Vergangenheit.«

»Das ist Schicksal!« und »Das perfekte Match!«

Ein Blick in die Augen des anderen, ein Blitz geht durch den Körper, das muss Schicksal sein, was da passiert, es ist einzigartig! Man mag an solche Fügungen glauben oder nicht: Vor allem ist es eine häufig eingesetzte Masche von Narzissten, in der Kennenlernphase dieses Schicksalhafte, das unfassbar Außergewöhnliche immer wieder zu betonen:

- »Wir haben uns vor vielen Jahren schon mal kennengelernt und aus den Augen verloren und nun treffen wir uns hier auf einer Party 400 Kilometer entfernt in einem Club wieder, das ist doch Schicksal.«
- »Wir haben beide die gleichen Zukunftspläne: Wir wollen heiraten, drei Kinder haben, im Grünen leben und einen Dalmatiner haben – das kann doch kein Zufall sein.«
- »Ich war schon zweimal verheiratet, bin gerade erst wieder geschieden, ich hatte den Glauben an die Liebe verloren und dann kamst plötzlich du! Wie ist das nur möglich?«

Narzissten werden zu Beginn einer Beziehung nicht müde, das Einzigartige, das Schicksalhafte immer wieder zu betonen. Das kann beim Gegenüber dazu führen, ungesundes Verhalten des Narzissten lange Zeit zu akzeptieren. Zudem wird es weniger oder gar keine Grenzen und Konsequenzen ziehen, denn man will ja nicht ins eigene Unglück laufen und mit »dem einen richtigen Partner« für immer brechen.

Immer die gleiche Kennenlernmasche

Narzissten spulen immer wieder ihr sicheres, mehrfach erprobtes Programm ab, sie müssen sich so wenig Gedanken machen. Das kaschiert ihren Mangel an Ideen und an Interesse am Gegenüber und schützt sie vor Unvorhersehbarem, das sie meiden, weil sie fürchten, dann nicht gut dazustehen.

Typisches Verhalten beim Dating

Viele Menschen nutzen mittlerweile Onlinedating, um den Partner fürs Leben zu finden. Die Auswahl ist in den letzten Jahren groß geworden, aber auch die Qual der Wahl und umso enttäuschter ist man, wenn man von einem sympathischen Profil ganz begeistert ist, Zeit und Sehnsucht in die Kommunikation investiert und erst spät merkt, dass mit dieser Person etwas nicht stimmt.

Ich habe für dich das Verhalten von offenen und von verdeckten Narzissten beim Onlinedating und den ersten Treffen aufgelistet. Auch hier gilt: Wenn ein Punkt zutrifft, macht das noch lange kein krankes Gegenüber aus. Doch wenn mehrere Punkte zutreffen, sollte man genauer hinschauen.

Offene Narzissten beim Dating

- ◇ Der Narzisst lässt sich online fragen, aber stellt kaum Gegenfragen.
- ◇ Nachdem ein Termin gefunden wurde, ist der weitere Prozess häufig ein einziges Drama mit Verschiebungen, Verspätungen.
- ◇ Hauptmerkmal: »attraktiv«.
- ◇ Der Narzisst spricht schon beim ersten Treffen gemeinsame Zukunftspläne wie Urlaubsreisen etc. an. Manchmal fallen dann bereits Worte wie »seelenverwandt«, »schicksalhaft«.
- ◇ Großartiger Auftritt mit Schampus und dem exklusivsten Gericht des Restaurants. Das erste Treffen wirkt wie eine große Show – nicht zu verwechseln mit gutem Benehmen, denn es ist einfach alles übertrieben.
- ◇ Das Verhalten wirkt affektiert und nicht authentisch, gegenüber Servicemitarbeitern oft abwertend.

- ◇ Er redet in stundenlangen Monologen über sich und sieht das Gegenüber überhaupt nicht: Das Gespräch dreht sich um ihn, er geht bei Fragen nicht auf den anderen ein.
- ◇ Er befindet sich möglicherweise in einer Beziehung oder Ehe.
- ◇ Er findet sich unwiderstehlich und lässt durchblicken, wie begehrt er ist: »Ich kann mich vor Anfragen kaum retten.«
- ◇ Erzählt der Datingpartner von Erfolgen und Plänen, setzt der Narzisst schnell etwas entgegen und relativiert die Erfolge des anderen.
- ◇ Er prüft bereits beim ersten Treffen, ob sich der Partner in seinen Lebensentwurf einpassen wird: »Wenn du aber deine Reise machst, hast du ja gar keine Zeit für mich!?«
- ◇ Er reagiert verärgert und enttäuscht, wenn man sein Tempo nicht mitgeht und Grenzen aufzeigt.

Verdeckte Narzissten beim Dating

- ◇ Er fantasiert stundenlang über seine grandiosen Visionen und darüber, dass ihn aber leider niemand versteht.
- ◇ Er vermittelt den Eindruck, beschützt werden zu müssen.
- ◇ In vorherigen Beziehungen war er oft »Opfer«.
- ◇ Ist er in einer Beziehung, so hat er dort Verpflichtungen, sonst wäre er schon längst weg. Zugleich deutet er an, dass es zu einer Trennung kommen könnte, was wahrscheinlich niemals geschieht.
- ◇ Er überschätzt seinen Sexappeal maßlos, er findet sich unwiderstehlich, zeigt das allerdings eher unterschwellig.
- ◇ Er geht oberflächlich auf sein Gegenüber ein, landet aber bald wieder bei sich.
- ◇ Erhält er eine Abfuhr, beißt er oft um sich: Er habe sowieso andere Frauen im Blick, man wäre sowieso nicht infrage gekommen. Oder er akzeptiert es nicht: »Warte nur ab, du bist noch nicht bereit, aber wirst es bald sein.«
- ◇ Gegenüber Personal im Restaurant verhält er sich oft abwertend.

Hilf mir: Die Retterfalle

Verdeckte Narzissten wollen sich retten lassen. Schon zu Beginn der Beziehung stellen sie sich als Opfer dar: Das Leben hat ihnen schlecht mitgespielt; alle meinen es böse mit ihnen; beruflich, gesundheitlich, finanziell haben sie nur Pech gehabt. Wer die Alarmzeichen nicht erkennt und entsprechend geprägt ist, läuft Gefahr, getriggert zu werden und den Narzissten bedingungslos zu helfen. Leiht man ihm erst nur ein offenes Ohr, steigert sich dies im Nu zur 24-Stunden-Unterstützung, die der Narzisst durch passiv-aggressives Verhalten (siehe oben) immer wieder einfordert.

Kümmere dich: Die Versorgerfalle

Eine gesunde Beziehung zeichnet sich durch ein ausgewogenes Geben und Nehmen auf Augenhöhe aus. Verdeckte Narzissten dagegen zeigen bereits in der Kennenlernphase, dass sie möglichst rundum vom Partner versorgt werden wollen, nicht nur emotional, auch finanziell: von der Essenseinladung bis hin zu größeren baulichen Tätigkeiten in Wohnung oder Haus, Einzug in die Wohnung des Partners, Übernahme von Auto und Kreditkarte … Hast du schon bemerkt, dass Narzissten sich nur selten bei anderen bedanken?

Die große Show: Die Blenderfalle

Besonders offene Narzissten sind Blender. Sie sehen vielleicht gut aus, sind charmant, kleiden und schminken sich besonders auffällig. Sie betreten einen Raum und genießen sofort die volle Aufmerksamkeit. Sie vermarkten sich meisterhaft und nehmen es dabei mit der Wahrheit auch nicht so genau. Sie reden viel von »könnte« und »müsste«. Sie versprechen viel, aber halten nichts. Das alles überstrahlt ihr abwertendes Verhalten und ihr schlechtes Benehmen. Besonders leichtes Spiel haben es Blender bei Menschen, die eine große Sehnsucht nach Veränderung in sich tragen. Dies führt schnell dazu, Alarmsignale zu ignorieren.

Fallbeispiel Chiara, Martin und Jan

Chiara hatte, wie sie fand, ein ganz normales Leben. Es war nicht viel los, sie war mit Martin seit vierzehn Jahren verheiratet, ihre Kinder waren zehn und zwölf Jahre alt. Sie kümmerte sich um den Haushalt, die Kids und ihren Mann, sie war Hausfrau, obwohl sie vor der Hochzeit als Juristin in einer Großkanzlei eine eigene Karriere begonnen hatte. Doch mit Martin und dem Umzug ins Münchner Umland hatte sich alles geändert. Das Stadtleben war vorbei, sie hatte den Job aufgegeben und zum Freundeskreis hatte sie kaum noch Kontakt.

Beruflich konnte Chiara auf dem Land schlecht Fuß fassen, Martin mochte es sowieso nicht, wenn sie zu viel arbeitete. Es war keine wirklich tiefe Bindung, das spürte Chiara mit der Zeit. Martin hatte es nicht so mit diesem »Gefühlszeug«, wie er es immer nannte.

Chiara arbeitete nun stundenweise im Büro einer Baufirma, und eine Kollegin überredete sie zu einem Cocktailabend in München. Der Abend wurde länger als gedacht, sie gingen noch in einen Club – und dort passierte es: Sie traf Jan. Er wirbelte auf der Tanzfläche um sie herum, er war gut gekleidet, frech, das gefiel ihr. Er bestellte ihr einen Drink und die beiden unterhielten sich bis tief in die Nacht. Jan war Single, wie er sagte. Als Chiara erzählte, dass sie verheiratet sei, lachte er: »Jeder macht mal Fehler.« Dann gab er ihr den ersten Kuss. Sofort war Chiara in seinem Bann. Seither ließ er nicht locker, er schrieb ihr täglich, buchte teure Hotels, in denen sie sich trafen, wenn Chiara eine Ausrede für Martin fand.

Für Chiara war es fantastisch: Jan war so attraktiv, achtete sehr auf sein Äußeres und er träumte bereits von einer gemeinsamen Zukunft: »Chiara, wir beide zusammen eine Woche in Palma …« »Lass uns schön leben – bei mir in München, ich habe genug Platz!«
Er schien so perfekt. Dass er manchmal am Handy so schroff zu anderen war, so ganz anders als zu ihr, das übersah sie. Sie zögerte lange, doch dann fasste sie sich ein Herz und erzählte alles Martin, der von der Affäre nichts ahnte.
Nun war sie bereit, alles für Jan hinter sich zu lassen. Doch ab dem Moment veränderte Jan sich. Er hatte weniger Zeit, wurde unzuverlässig und hinsichtlich gemeinsamer Zukunftspläne wurde er sehr zurückhaltend: »Lass uns da doch noch warten, meine Liebe, du musst ja auch erst vieles für dich regeln. Ich bin jetzt zwei Wochen auf Kreta, dann melde ich mich, mein Hase.«
Chiara verstand die Welt nicht mehr. Warum war alles so anders? Was war passiert? Was hatte sie getan? Hatte sie etwas Falsches gesagt oder getan? Sie hatte so viele Fragen, konnte sie aber nicht stellen, denn von Jan hörte sie auch nach seiner Wiederkehr aus dem Urlaub nichts mehr. Er ging nicht ans Telefon …

Viel Raum für Interpretation

In Beziehungen kommt es auf ein vertrauensvolles Verhältnis zum Gegenüber an. Dazu gehört auch, dass man sich auf seinen Partner verlassen und dass man gemeinsam verbindliche Entscheidungen treffen kann.

Narzissten winden sich wie ein Aal um Klarheit und klare Entscheidungen. Für fast alles bieten Narzissten eine Erklärung, auch für ihre Vergangenheit:

- »Ich habe schlechte Erfahrungen gemacht.«
- »Ich leide unter Bindungsangst.«

- ◇ »Ich hatte so viele Rückschläge.«
- ◇ »Ich habe noch nicht den Richtigen/die Richtige getroffen.«

Freunde und Familie schlechtreden

Andere enge Bezugspersonen des Partners sind Narzissten oft ein Dorn im Auge. Sie möchten im Zentrum der Aufmerksamkeit stehen und fürchten außerdem, dass möglicherweise in ihrer Abwesenheit vielleicht auch kritisch über sie geredet werden könnte. Deshalb machen sie enge Freunde sowie Familienmitglieder des Partners, die ihnen dessen volle Aufmerksamkeit streitig machen könnten, madig. Sie reden schlecht über sie und weisen auf ihre Fehler hin, werten sie ab.

Lässt sich der Partner schnell verunsichern und grenzt sich nicht klar ab, ist die Gefahr hoch, wertvolle positive Unterstützer zu verlieren.

Spielchen mit Nähe und Distanz

Narzissten haben, wie vielfach aufgezeigt, ein Problem mit Nähe und Distanz zu anderen. Für den Partner nicht nachvollziehbar werden sie, sobald es harmonisch oder gar die Beziehung überhaupt tiefer wird, aggressiv, sie ziehen sich zurück, verschwinden gar für Tage, Wochen oder Monate.

Werden diese Stimmungen von einem Gegenüber, das keinen stabilen Selbstwert hat, aufgenommen, lebt diese Person ständig in starker Anspannung, immer den Nähe-Distanz-Empfindungen des Narzissten untergeordnet und gänzlich konzentriert auf die Handlungen des Narzissten.

So sind Entspannung, frohe Gemeinsamkeit und Harmonie mit Narzissten nicht von Dauer. Sie sabotieren diese Momente konsequent. Auf schöne Tage folgen regelmäßig Konflikte mit oft lang andauernden Schweigephasen. Das ist gerade in einer langjährigen Beziehung, wenn dies immer wieder passiert und es keine wesentlichen Veränderungen gibt, für alle Beteiligten überaus anstrengend.

Harte Trennung: Der Final Cut

Narzissten beenden eine Beziehung nicht selten, sobald der Partner erobert ist – wenn die Phase des Aufregenden und des ausschließlich schönen Neuen vorbei ist und man beginnt einander zu sehen, wie man wirklich ist. Dann greifen Nähe, eine tiefe Bindung und auch Verpflichtungen Raum. Und das ist unerträglich, zu anstrengend und ungemütlich für den Narzissten. Er kann sich aufgrund seines geringen Selbstwerts nicht darauf einlassen. Dann ziehen Narzissten weiter, sei es, indem sie Ghosting betreiben und von der Bildfläche verschwinden oder indem sie ihren Partner durch ständige Absagen am ausgestreckten Arm verhungern lassen.

Für das Gegenüber ist das ganze Geschehen unverständlich, insbesondere wenn die Person sehr tief in der Illusion der Zusammengehörigkeit und in der Selbstaufgabe gefangen ist und weiterhin der Hoffnung anhängt, dass der Narzisst die Liebe und den Wert des Zusammenseins doch noch erkennen und zulassen wird.

Bleiben beide zusammen, basieren diese Ehen nicht selten darauf, dass der Partner die Erwartungen des Narzissten erfüllt: Er fokussiert sich ganz auf den Narzissten, mischt sich aber in seine persönlichen Dinge ein (Willi, 2014).

Eine Abwandlung der harten Trennung sind On-Off-Beziehungen, in denen der Narzisst immer wieder ab- und auftaucht und so die Beziehung, je nach Lebenslage und Bedürftigkeit, ein- und ausknipst. Wenn der Partner Probleme mit dem Selbstwertgefühl hat, lässt er sich immer wieder oder auch nach Jahren der Funkstille auf dieses Spiel des Zusammenkommens und Auseinandergehens ein (ausführlich dazu siehe ab Seite 47).

Nach der Trennung: Vieles ist ungeklärt

Die Gedanken kreisen nach einer schmerzhaften und abrupten Trennung nur noch um den Narzissten. Man ist sich nicht sicher, ob man sich »richtig« verhalten hat, Zweifel kommen auf, ob man zu wenig Einsatz gezeigt hat. Man grübelt unablässig, ob es sich lohnt, jetzt um die Narzissten zu kämpfen. Diese offenen Fragen nagen pausenlos an der betroffenen Person.

Immer wieder schießen dem Partner Ereignisse in den Kopf, bei denen der Narzisst ihn ermahnt hatte: »Du hast dich falsch verhalten, hättest du nur …« oder »Hättest du nicht, dann hätte ich nicht …«

Der Narzisst hat schon während der Beziehung oft seine Masche eingesetzt, den anderen zu verunsichern und ihm die gesamte Schuld und Verantwortung für alles Negative zu übertragen. Das schwächte bereits den Partner, mitunter führt diese Schuldzuweisung des Narzissten beim Partner nach einer Trennung zur Selbstzerfleischung, zu Grübeln und bodenlosem Absturz.

Häufig bekommt der Partner nach der Trennung keine Gelegenheit zur Aussprache und zur Klärung so vieler Fragen. Kleidungsstücke, Möbel, Wäsche, alles ist noch nicht ausgetauscht und es ist fast unmöglich, Kontakt zum Narzissten aufzunehmen. Immer wieder sagt er Termine ab. Dann taucht der Narzisst aus dem Nichts wieder auf, gerade als der Expartner sich ein wenig erholt hat. Vielleicht bestehen nach der Trennung extreme finanzielle Probleme, weil der Narzisst das gemeinsame Konto geplündert hat. Die Regelung zur Betreuung der Kinder versucht der Narzisst ständig zu vertagen und er hält sich nicht an getroffene Absprachen.

Das lässt den Partner in Unsicherheit und Anspannung zurück, doch es fällt ihm häufig weiterhin schwer, nun Konsequenz zu zeigen und klare Grenzen zu ziehen.

Wie narzisstische Maschen in der Liebe auf Partner wirken

Müdigkeit, Unsicherheit und innere Leere

Eine Paarbeziehung ist, da Narzissten ein Grundproblem mit Nähe haben, extrem verwirrend und anstrengend und führt oft zu Ausgebranntsein und depressiven Stimmungen. Zudem versuchen Narzissten, ihren Partner so zu manipulieren, dass sich alles nur noch um ihn und seine Bedürfnisse dreht. Gelingt das, vernachlässigt das Gegenüber Hobbys, seinen Beruf, Freunde und Familie. Im Laufe einer jahrzehntelangen Ehe kann die eigene Identität zunehmend verloren gehen; man weiß nicht mehr, wer man ist und was man möchte.

Selbstzweifel und Schuldgefühle

Die Selbstzweifel und Schuldgefühle, die der Narzisst während der Beziehung ständig schürt, dauern beim Partner nach der Trennung oft lange, vielleicht sogar Jahre an. Der Gedanke, dass der Narzisst jetzt womöglich mit einer anderen Person glücklich wird, ist für den verlassenen Partner unerträglich. Zudem suggerieren Narzissten, dass der andere schuld an der Trennung ist. Der Gedanke, nicht gut genug gewesen zu sein, schmerzt diesen zutiefst.

Der Narzisst triggert diese Gedanken oft auch noch durch ständiges Auf- und Abtauchen auch im Nachhinein (ausführlich dazu siehe ab Seite 47) und indem er Fluten von Fotos aus seinem neuen Leben in den digitalen Medien zeigt. Das schwächt den Selbstwert Betroffener noch stärker und erschwert es ihnen zusätzlich, sich von dem Narzissten zu lösen und die Trennung zu verarbeiten.

In Kürze: Maschen von Narzissten in der Liebe

Narzissten wenden in der Liebesbeziehung vom ersten Date an, online oder offline, über die Dauer der Beziehung bis zur Trennung eine Reihe von Maschen an: Sie überschütten die andere Person mit Love Bombing, sprechen ständig von schicksalhafter Begegnung, locken Verliebte in die Retter-, Versorger- oder Blenderfalle. Sie überschreiten ständig Grenzen, verhalten sich uneindeutig, machen die Freunde und die Familie der anderen Person schlecht. Sie treiben ihre Spielchen mit Nähe und Distanz sowie dem Harmonieverlangen des Gegenübers, weil Nähe für sie unerträglich ist und Chaos und Drama ihnen narzisstische Zufuhr geben.

Die Trennung von Narzissten erfolgt oft überraschend und auf sehr harte Art und Weise. Ebenso erschütternd für den Partner kann auch ein anhaltendes On und Off der Beziehung sein. Für den Partner bleiben dann viele Fragen ungeklärt und der Gedanke, dass der Narzisst jetzt mit einem scheinbar perfekten Partner glücklich wird, ist für ihn unerträglich. Diesen Zustand wollen Narzissten möglichst lange aufrechterhalten, um immer wieder Zugriff auf das Gegenüber und dessen Leben zu haben. Das verringert die Chance des Betroffenen, Abstand zu gewinnen.

Reality-Check: Wie ist das bei mir?

- Lernst du Männer oder Frauen sehr extrem kennen?
- Hast du schon einmal Love Bombing erlebt? Wie war das?
- Wie konnte das Gegenüber dich so schnell begeistern?
- Hast du in der Phase nur durch die rosarote Brille geschaut oder sie auch mal kurz abgenommen?
- Wie ist/war der Verlauf der Beziehung? Gab es einen Moment, seit dem alles anders als zuvor ist/war?
- Wie geht/ging es dir in der Beziehung? Hast du abgenommen? Bist du trauriger, zurückgezogener? Hast du Hobbys aufgegeben, Freunde nicht mehr getroffen?
- Wie war gegebenenfalls die Trennung? War es ein On-Off? Wurde dir die ganze Schuld für die Trennung angelastet?
- Konntest du deine offenen Fragen klären?
- Wie ging es dir nach der Trennung? Hast du gemerkt, dass trotz der Trauer eine körperliche und psychische Erholung einsetzt? Nimmst du beispielsweise wieder zu?

Maries Tipps

- Nimm die rosa Brille ab und zu kurz hoch (bitte nicht ganz absetzen, das wäre schade). Schau dir an, wie realistisch Aussagen und Pläne des anderen sind.
- Fordere ein, dass Versprechen eingelöst werden.
- Entschuldige kein schlechtes Verhalten, sondern spiegele es dem Gegenüber deutlich.
- Setze klare Grenzen.
- Beantworte dir nach der Trennung offene Fragen selbst.
- Denke proaktiv: Überlege bei schlechter Behandlung, wie du dich behandeln lassen willst und ob du mit diesem Menschen weiter dein Leben verbringen möchtest.

Maschen von Narzissten in der Familie

Ungesundes Verhalten von Familienmitgliedern entschuldigt man lieber, als es zu hinterfragen: Man hat ja nur eine Familie. Willst du dich aus Verstrickungen lösen, schau dennoch genau hin.

Wenden Narzissten ihre Maschen in der Familie an, ist dies aufgrund der engen Bindung sowie bei kleinen Kindern aufgrund der großen Abhängigkeit von den Erwachsenen besonders wirksam. Da man zudem nur eine Familie hat, hinterfragt man die nahen Angehörigen nicht und entschuldigt bei ihnen ungesundes Verhalten. Dir schießen jetzt vielleicht auch sofort Gedanken in den Kopf wie: »Es ist doch meine Mutter« oder »Meine arme alte Oma, die weiß nicht, was sie tut« oder »Meine Schwester, mit der bin ich doch aufgewachsen, die meint das nicht so«.

Dass eine Mutter und ein Vater starke narzisstische Züge und dadurch einen negativen Einfluss auf ihre Kinder haben können, möchte man nicht wahrhaben. Die so oft beschriebene tiefe Mutter-Tochter-Beziehung oder das tolle Vater-Sohn-Verhältnis muss es doch geben, davon ist man überzeugt, auch wenn das Verhalten der Mutter oder des Vaters nicht liebevoll ist. Doch leider wird diese Hoffnung immer wieder enttäuscht, wenn deine Mutter oder dein Vater oder beide narzisstisch sind.

Lass diesen Abschnitt nicht aus, weil du vielleicht fürchtest, dass die Zusammenhänge dich erschrecken werden. Tatsächlich können Erkenntnisse schmerzhaft sein, doch zugleich können sie der Schlüssel für ein glücklicheres Leben sein.

Zunächst beschreibe ich häufige Maschen von Eltern, danach die von Großeltern und Geschwistern.

Die Maschen von narzisstischen Eltern

Kinder sind abhängig von ihren Eltern und wollen nur eines: geliebt werden. Dafür sind sie bereit, alles zu geben, und sie sind leicht zu manipulieren und zu lenken. So wachsen sie bei narzisstischen Eltern von klein auf in ein ungesundes Familiengeschehen hinein.

Die Tochter als Erweiterung der Mutter

Manche Narzisstinnen betrachten ihre Tochter als erweiterte Version von sich selbst, um dadurch ihren Selbstwert zu stabilisieren. Aus der Tochter soll sich kein eigenständiges Individuum entwickeln, sondern eine idealisierte Version der Mutter.

Nach dem Motto »Ich & mein Mini-Ich« soll die Tochter der Mutter optisch ähnlich sein und das umsetzen, was die Mutter möchte, aber in ihrem Leben selbst nicht getan hat. Musikalisch soll sie sein oder besonders sportlich, vielleicht wird sie Model oder Ärztin. Dabei geht es nicht nach den Wünschen der Tochter, sondern nach denen der Mutter – ob das Kind etwas mag oder nicht. Anerkennung für die Leistungen ihrer Tochter und Macht über sie sind ihr wichtiger als das Glück ihres Kindes.

Fallbeispiel Emma und Clara

Schon als Emma endlich mit dem ersehnten Mädchen schwanger war, wusste sie: Clara wird es ganz weit bringen. Sie war dann auch die schönste Tochter, der einzige leuchtende Stern und das sollte jeder sehen. Emma gab Unsummen für Kleidung für Clara und sich selbst aus, oft hatten beide perfekt aufeinander abgestimmte Outfits.

Emma schaffte es, die dreijährige Clara bei einer Kindermodelagentur unterzubringen. Dieser gefiel das gar nicht, sie war ein quirliges Kind, spielte und lief am liebsten den ganzen Tag herum. Dafür war aber kaum Zeit, zumal Emma auch die Insta-

gramkarriere von Clara vorantrieb. Das hatte schon im Kreißsaal begonnen und seit der Geburt wurde die Kleine ständig fotografiert und gefilmt. Es war inzwischen auch lukrativ, die ersten Unternehmen machten Werbedeals mit der Kleinen.
Emma selbst lebte durch Clara ihren Jugendtraum: Sie hatte sich damals für alle Misswahlen beworben und sich als Model und Schauspielerin versucht. Sie war gescheitert, vielleicht auch, weil ihre eigene Mutter sie nicht unterstützt hatte. Sie hatte professionelle Fotos machen lassen und sie an sämtliche Agenturen geschickt. Erfolglos. Clara war jetzt ihre Chance, alles nachzuholen.
Der Kleinen setzte der Stress immer mehr zu, sie bekam Asthma und Hautausschlag. War das für Emma zuerst katastrophal, erkannte sie schnell, dass sie auch dies vermarkten konnte. Es lief sogar besser als vorher, denn sie bekam jetzt als sorgende Mutter auch noch einen Teil der Aufmerksamkeit ab.
Sie und die Branche kannten keine Gnade, Claras Tag hatte viele Stunden und viele Outfits. Ihr Lächeln war kein fröhliches Kinderlachen, sondern längst ein eingeübtes für die Kamera. Weinen sollte sie nicht, dann wurde Emma böse, das hatte Clara schnell gelernt.
Sie fühlte auch, dass ihre Mutter nach einem schönen Foto und vielen Likes immer gut gestimmt und auch stolz auf sie war, das machte die kleine Clara glücklich. So lernte sie schon früh, wie sie ihre Mutter glücklich machen und deren Träume erfüllen konnte. Schon damals war sie immer ein sehr trauriges Kind.

Das Tochter-Mutter-Verhältnis umkehren
Die Mutter drängt ihre Tochter schon in jungen Jahren in die mütterliche Rolle, etwas zu geben, statt von der Mutter umsorgt zu werden. Bereits das Baby der Narzisstin dient der emotionalen Stabilisierung der Mutter. Es soll ihre eigene Leere füllen, die brüchige Beziehung der Eltern kitten oder das Bild der Familie nach außen perfekt machen. Oder sie hat ihr Kind vor allem

bekommen, um von der eigenen narzisstischen Mutter endlich Liebe und Anerkennung zu erhalten. In ungesunden narzisstischen Familiendynamiken werden Kinder für den Konkurrenzkampf genutzt: Wer der Geschwister hat mehr Kinder, wer bringt den lang ersehnten Enkelsohn zur Welt?

Diesen Kindern wird eine nicht kindgerechte Verantwortung übertragen. Mehr oder weniger offen verlangt eine solche Mutter von ihrer Tochter: »Mach Mami glücklich, mach Mami stolz.« Und im Kampf um die Liebe und Anerkennung der Mutter übernehmen solche Kinder schon früh nicht altersgerechte Aufgaben:

- Das Kind kümmert sich ständig um seine Geschwister.
- Das Kind tröstet die Mutter, wenn dieser ein Kuchen misslungen ist oder ein neuer Freund sich wieder von ihr getrennt hat.
- Das elfjährige Kind putzt das ganze Haus, um die halbtags berufstätige Mutter zu entlasten.

Dabei machen Töchter narzisstischer Mütter in den Augen der Mutter einfach nichts richtig. Narzisstinnen lassen sich von ihren Töchtern um- und versorgen, sie erwarten, dass ihre Töchter immer erreichbar für sie sind. Oft verhalten sie sich und reden wie ein hilfloses Kind. Die Einzige, die niemals Kind sein durfte – das ist ihre Tochter. So vernachlässigen Töchter narzisstischer Mütter oft ihr eigenes Leben, kümmern sich nicht um ihre Entwicklung und ihre Partnerschaft und verpassen dadurch ihr eigenes Glück. Dies zu ändern ist schwer, aber möglich.

Der Sohn als Partnerersatz

Narzisstische Mütter können sich emotional extrem an ihre Söhne binden. Dies kann bereits im Kindesalter beginnen, indem die Mutter den Sohn zeitlich ganz für sich einnimmt und dieser nicht viel mit anderen Kindern spielen darf. Im späteren Leben ist es dann eine Masche, Frauen, die in das Leben des Sohns treten, abzuwerten: »Sie ist nicht gut genug für dich.« Eine Narzisstin mischt sich fortwährend in die Beziehungen ihres Sohnes ein. Auch räumlich will sie ganz in der Nähe ihres Sohnes sein. Nicht nur für den Sohn, auch für seine Beziehungen kann das zur Zerreißprobe werden.

Fallbeispiel Heidi und Alois

Heidi hatte schon immer eine sehr enge Bindung zu ihrem Sohn Alois gehabt. Es war ihr einziger Sohn und nach ihrer Scheidung wurde das Verhältnis zu Alois noch intensiver. Ihr Mann hatte sie verlassen und sie lebten allein in dem Haus auf dem großen Grundstück. Alois war ihr Ein und Alles, aber sie tat sich schwer mit den Frauen, die er nach Hause brachte.

Auf einem Feuerwehrfest im Nachbarort lernte Alois schließlich Milena kennen. Sie war eine Zugezogene und nicht religiös. Heidi war von Anfang an nicht begeistert. Sie tolerierte Milena – aber nur, weil sie meinte, dass ihr Sohn noch genug Zeit hatte, die Richtige zu finden.

Doch Alois heiratete Milena. Bei der Hochzeit spielte Heidi sich in den Mittelpunkt, alles lief nach ihrem Wunsch. Und Alois baute, wie es Heidis tiefster Wunsch war, ein schönes klassisches Haus auf dem Grundstück der Mutter. Es gab ja genug Platz dafür.

Heidi war Stammgast im Haus. Sie nutzte ihren Ersatzschlüssel wie einen eigenen Wohnungsschlüssel. Milena ertrug das kaum, denn sie lebte nun nicht nur mit Alois, sondern auch mit seiner Mutter zusammen. Und Heidi mischte sich überall ein: welches Waschmittel Alois liebte und was Milena ihm kochen sollte, wann sie zur Kirche gingen. Milena hatte das Gefühl, dass Heidi alles diktierte. Als Milena schwanger wurde, gab Heidi immer wieder ungefragt Tipps, und sobald der kleine Gregor da war, wurde Heidi besonders übergriffig: Sie war ständig da und wollte alles bestimmen. Niemand traute sich, Heidi zu kritisieren, denn dann fing diese sofort an zu weinen.

Milena hielt es irgendwann nicht mehr aus. »Alois, ich kann so nicht weiterleben. Bitte, du musst mit deiner Mutter reden, sie kann nicht so oft zu uns kommen.« – »Sie hatte es doch nicht leicht, wir sind doch alles, was sie hat, und sie hat uns ermöglicht, dass wir bauen konnten«, hielt Alois ihr entgegen. Er traute sich nicht, etwas zu ändern. Milena galt bei Heidi sofort als zickig, wenn sie nur mal den Wunsch äußerte, einen Tag lang ihre Ruhe zu haben.
So ging es jahrelang. Milena ging es gesundheitlich immer schlechter, während Heidi aufblühte. Nach einem Burnout und einem längeren Kuraufenthalt zog Milena ihre Konsequenzen und reichte schweren Herzens die Scheidung ein.
Alois wusste nicht, was er tun sollte. Er konnte seine Mutter doch nicht im Stich lassen, dachte er sich.

Ständiger Wettbewerb zwischen Vater und Sohn
Viele Narzissten messen sich andauernd mit ihrem Sohn, auch wenn dieser als Kind gar keine Chance hat. Das ist weniger Spiel als Ernst. Als Erwachsener leidet der Sohn weiterhin unter dieser Masche des Vaters, dass er immer gewinnen muss. Doch er gibt selbst dann, wenn beispielsweise beim Bowling ganz deutlich ist, dass der Sohn gewonnen hat, seinen Sieg freiwillig an den Vater ab. Denn dessen Stimmung wäre nach einer Niederlage unerträglich.

Grenzen bei Partnern der Kinder überschreiten
Narzisstische Eltern überschreiten auch oft Grenzen bei Partnern ihrer Kinder. Beispielsweise biedert sich die Mutter dem neuen Freund der Tochter an und versucht, mit ihm zu flirten.

Narzisstische Väter machen oft in Anwesenheit einer potenziellen Schwiegertochter »Altherrenwitze« auf ihre Kosten. Die neue Freundin des Sohnes prüft der Vater, wie er laut verkündet, »auf Herz und Nieren«, er macht ihr unverhohlen anzügliche

Komplimente, führt sich wie ein Teenager auf und starrt ihr unaufhörlich auf Brust und Po.

Ausrichtung auf negative Beziehungen

Narzisstische Eltern stärken ihre Kinder nicht darin, sich gesunde Freunde zu suchen und ungesunde Beziehungen zu Freunden und Gruppen zu verlassen. So geraten die Kinder in der Schule und in Freundeskreisen oft in ähnliche Muster wie die, die zu Hause vorherrschen und die sich für sie vertraut anfühlen. Aufgrund ihres geringen Selbstwerts werden sie mitunter gemobbt, bekommen aber keinen Rückhalt von den Eltern. Bösartig narzisstische Eltern erfreuen sich sogar am Misserfolg und der Aussichtslosigkeit ihrer Kinder.

Kinder dieser Eltern lernen nicht, sich aus schwierigen Situationen wie dem Mobbing durch Mitschüler zu befreien. Deshalb fühlen sie sich auch als Erwachsene in Situationen, die durchaus lösbar wären, hoffnungslos ausgeliefert. Es fehlt ihnen an Handlungsoptionen, da sie von den narzisstischen Eltern nicht gelernt haben, dass es welche gibt und man diese suchen kann. Sätze wie »Am Ende hilft einem eh niemand« können sich tief in ihrem Inneren einbrennen.

Wechselspiel mit Nähe und Distanz

Als Kind narzisstischer Eltern lebt man in einem unberechenbaren Wechselspiel aus Nähe und Distanz. Singen sie eben noch lustig einen Song im Radio mit, kann die Stimmung plötzlich umschlagen, weil der Müll noch nicht hinuntergebracht wurde. Dann kneifen sie das Kind als vermeintlichen Scherz schmerzhaft in die Seite oder schreien es an. Die Kinder leben so in ständiger Anspannung und versuchen für gute Laune zu sorgen.

Erziehen durch ständige Kritik

Narzisstische Eltern sind nicht, wie es sein sollte, die Unterstützer ihrer Kinder, sondern ihre größten Kritiker. Denn aus Sicht der narzisstischen Eltern ist das Leben hart, ein Kampf, in dem es eben Gewinner und Verlierer gibt. Sollen die Kinder zu den Gewinnern zählen, müssen sie mit »harter Hand« oder »Zuckerbrot und Peitsche« darauf vorbereitet werden.

Narzisstische Eltern vermitteln ihren Kindern auch oft das Gefühl, dass andere Menschen aus dem direkten Umfeld im Vergleich besser sind als sie. So sehr sich die Kinder auch bemühen, sie sind einfach nie genug. Das ist Gift für das Selbstwertgefühl und befeuert die Selbstzweifel der Kinder.

Narzisstische Eltern schaffen so zu Hause ein Klima der Angst und drängen Kinder zur Selbstoptimierung. Die Selbstakzeptanz der Kinder schwindet dadurch beziehungsweise kann sich nicht gesund entwickeln.

Fallbeispiel Francesco und Roberto

Roberto ist der größte Kritiker seiner Kinder. Seinen Sohn Francesco muss man »schleifen«, wie er sagt. »Er muss lernen, dass man im Leben nichts geschenkt bekommt«, so Robertos Mantra, »sonst wird er später nicht ernst genommen.«

Robertos Eltern waren mit wenig Geld in der Tasche zugewandert. Sein Vater hatte sich mit einer kleinen Pizzeria selbstständig gemacht. Heute war sie der Geheimtipp in Düsseldorf. Roberto arbeitete viel, hatte keine Zeit für »Gefühlsduseleien«, wie er alles Emotionale nannte.

Francesco machten die Ansprüche seines Vaters sehr zu schaffen. Er interessierte sich für Garten- und Landschaftsbau, aber er wusste, was sein Vater davon hielt, und arbeitete in der Pizzeria beim Vater. Er war traurig und niedergeschlagen.

Ständige Kontrolle ausüben

Narzisstische Eltern geben die Kontrolle über ihre Kinder nicht auf, wenn man ihnen keine klaren Grenzen zieht. Die grenzüberschreitende Kontrolle ist eine Masche von Narzissten. Hier einige Beispiele:

- ◇ Die Eltern kontrollieren die Erfolge der Kinder in der Schule, im Studium und im Job. Ihnen liegt daran, dass die Kinder erfolgreich sind, da dies den eigenen Selbstwert steigert.
- ◇ Die Eltern tauchen immer wieder ohne Voranmeldung bei ihren Kindern auf und erwarten, umsorgt zu werden.
- ◇ Die Eltern nehmen direkten Einfluss auf die Partnerwahl und erwarten, dass ihre Wahl umgesetzt wird.

Die Maschen von narzisstischen Großeltern

Narzisstinnen und Narzissten legen ihre Verhaltensweisen nicht plötzlich ab, weil sie Oma oder Opa geworden sind. In ihrer Rolle als Großeltern stören sie oft das Glück der gesamten Familie.

Oma & Opa als »bester Freund« und enge Vertraute

Narzissten bauen zu ihren Enkelkindern ein besonderes Verhältnis auf, indem sie ihnen persönliche Erlebnisse anvertrauen. Sie erschleichen sich auf diese Weise Vertrauen und erleichtern zugleich sich selbst emotional.

Dabei sind sie unfähig, sich empathisch einzufühlen, sie spüren nicht, welche Themen altersgerecht sind und wo sie Grenzen erreichen oder auch überschreiten. So überfordern sie ihre Enkel nicht selten.

Gleichzeitig bauen sie mit dieser Masche auch Missgunst auf: Das Enkelkind bekommt – scheinbar – das Vertrauen, die Liebe und die Zuneigung, die die eigenen Kinder nicht bekommen haben und um die ihre Kinder oft noch immer ringen. So missbrauchen sie die Beziehung zu den Enkelkindern schamlos für ihre Zwecke und Machtspiele.

Zyniker und Stimmungskiller

Das Familienglück ihrer Kinder bei jeder Gelegenheit zu stören ist ebenfalls eine Masche von narzisstischen Eltern beziehungsweise Großeltern.

> ***Fallbeispiel Oma Gertrud***
>
> *Weihnachten hat Oma Gertrud wieder nur gemosert: Das Wetter war schlecht, sie wurde zu spät abgeholt. Ihr Geschenk kam nicht gut an: »Ich habe ja alles.« Nachdem alle schön zusammen gegessen hatten, kam wieder ihr schrecklicher Satz: »So, jetzt ist Kirche durch, Essen durch, Geschenke durch – endlich ist das wieder vorbei, von mir aus nach Hause jetzt.« Das sagte sie, während die Enkel neben ihr spielten, doch darüber freute sie sich nicht. Sie war wie gefühlstot, manchmal weinte sie, aber nur über ihr eigenes Schicksal. Erzählte man von sich, führte sie das Gespräch schnell zu sich und ihrem Schicksal. Dabei lebte sie sehr gut. So kam niemals eine wirklich positive Stimmung auf. War nicht sie die Stimmungskillerin, fing ihr Sohn an, über etwas zu lamentieren …*

Die strenge großelterliche Macht

Eine Masche narzisstischer Großeltern kann auch eine besondere Strenge gegenüber Enkeln sein. Sie verlangen von ihren Enkeln viel: regelmäßig Sport, allerbeste Noten, Studium der Medizin oder Ausbildung zum Schlosser in einem im Ort angesehenen Unternehmen. »Wie alle in der Familie!« So geben Narzissten ihre Strenge von Generation zu Generation weiter.

Hüter großer Familiengeheimnisse

Narzissten nützen große Geheimnisse, um Unfrieden in der Familie zu stiften und Chaos aufrechtzuerhalten. Deshalb hegen und pflegen sie diese Geheimnisse, reißen sie immer wieder nebulös an, klären sie aber nicht auf. Durch dieses exklusive Wissen erhalten sie sich häufig Macht und so stabilisieren sie ihr Selbst.

Gibt es noch einen unehelichen Sohn des Großvaters? Hatte die Oma damals eine Affäre? Wieso wuchs Papa jahrelang bei anderen Eltern auf? Warum reden die Schwiegereltern nicht mehr miteinander?

Selbst nachdem ein Geheimnis gelüftet wurde, wird es totgeschwiegen, da das perfekte Außenbild nicht gefährdet werden darf. Der Schaden für Kinder kann auch immens sein, denn sie spüren, dass da etwas ist. Das beeinträchtigt ihr Grundvertrauen und verunsichert.

Die Maschen von narzisstischen Geschwistern

Narzisstische Familien sind meist sogenannte dysfunktionale Familien. Das bedeutet unter anderem:

- ◇ Die Bedürfnisse der Eltern stehen über denen der Kinder. Die Kinder richten sich ausschließlich nach den Erwartungen der Eltern und werden dadurch zum Spiegelbild der Erwartung ihrer Eltern. (Mauro, 2020)
- ◇ Die gegenseitige Zuneigung ist eingeschränkt, unter anderem weil sie an Bedingungen geknüpft ist.
- ◇ Man kommuniziert nicht offen und klar und verdrängt Probleme oder sitzt sie aus.
- ◇ Man missachtet persönliche Grenzen oder überschreitet sie.
- ◇ Es gibt keine klaren Regeln und viele ungerechte Handlungen.

In solchen Familien schieben Eltern ihren Kindern oft die Rollen von »Sündenbock« und »goldenem Kind« zu (siehe Seite 17), die unter den Geschwistern auch wechseln können. Dadurch wird die ohnehin durch den Kampf um ein wenig Liebe und Anerkennung von den Eltern ohnehin belastete Beziehung noch konfliktbelasteter. In der Folge entwickeln nicht selten Kinder auch narzisstische Verhaltensweisen gegenüber ihren Geschwistern.

Immer im Mittelpunkt

Narzisstische Geschwister wollen im Mittelpunkt stehen. Offen narzisstische Geschwister versuchen, die Aufmerksamkeit direkt auf sich zu ziehen. Auf Familienfeiern prahlen sie mit Errungenschaften, Leistungen und Erfolgen hinsichtlich Job, Geld, Beförderungen. Sie präsentieren dabei Zeugnisse ihrer Kinder, Bilder vom Luxusurlaub, erzählen von Investitionen etc.

Verdeckte Narzissten agieren unterschwelliger, doch sie schaffen es, dass sich wie von Geisterhand ebenso immer alles um sie selbst dreht.

Fallbeispiel Johannes und Sarah

Beim Abendessen bei seinen Eltern war die Stimmung erstaunlich gut. Johannes erzählte gerade von seinem ersten eigenen Großprojekt, von den ihm unterstellten Bauarbeitern, von den Meetings und Telefonkonferenzen und wie er welche Situationen gemeistert hatte. Seine Augen glänzten, er war so stolz, endlich einmal etwas erreicht zu haben, und hoffte, Lob von seinen Eltern zu bekommen.

Seine Freude währte nur sehr kurz. Kaum trank er zwischendurch einen Schluck, nutzte seine Schwester Sarah ihre Chance. »Nicht jeder hat das Glück, einen Chef zu haben, der einem so eine Chance gibt«, sagte sie in ihrem leidenden Ton, senkte den Blick und stöhnte.

»Ach Sarah, das wird schon bei dir, du hast aber auch immer ein Pech mit deinen Chefs«, versuchte Johannes sie aufzubauen. Sarah schaute weiter zu Boden, schüttelte den Kopf, verzog die Mundwinkel noch tiefer, legte ihre Stirn in tiefe Falten. »Du machst Karriere und hast Geld, Johannes, ich bin oft krank,

das mag niemand gerne. Soll ich dir mal meine Blutdruckwerte sagen? Ich habe alles getan, aber es wird einfach nicht besser.« Nun standen wieder Sarah und ihre Gesundheit im Mittelpunkt.

Ständiger Konkurrenzkampf

Narzisstische Geschwister konkurrieren in dem unablässigen Kampf um die Anerkennung und Liebe ihrer Eltern miteinander. Sie vergleichen einander in allen Belangen. Darum geht es beispielsweise:

- ◇ Wissen: Wer ist schlauer? Oft lügen sie oder stellen falsche Behauptungen in den Raum, um sich gegenüber einem Bruder oder einer Schwester hervorzutun.
- ◇ Sportlichkeit: Wer ist sportlich erfolgreicher? Sie trainieren heimlich wie besessen, um dann mit ihren Leistungen beeindrucken zu können.
- ◇ Bedürftigkeit: Wer ist schlechter dran? Um Vorteile zu gewinnen, setzen sie über ihre Bedürftigkeit ihre Eltern unter Druck.

Die Geschwister abwerten

Nach dem Motto »Familie ist doch immer da« sind aus der Sicht narzisstischer Menschen ihre Geschwister dafür da, ihre Bedürfnisse zu befriedigen, und sie erwarten, dass der Bruder oder die Schwester jederzeit für sie verfügbar ist. Narzissten behandeln ihre Schwestern und Brüder oft wie Menschen zweiter Klasse, sie werten sie bei jeder Gelegenheit ab.

Das Muster schleicht sich bereits in der Kindheit ein und verfestigt sich mit der Zeit, sodass es zu einem immer größeren Problem wird. Als Bruder oder Schwester ist man von klein auf einiges gewohnt, aber wenn der Selbstwert nicht sehr stabil ist, wundert man sich als Erwachsener vielleicht über merkwürdiges Verhalten des Narzissten, der dem Geschwisterteil zeigt, wie wenig er in den Augen des Narzissten »wert« ist: Der narzisstische Bruder oder die Schwester schenken ihren Geschwistern abgelaufene oder kaputte Dinge, sie sind launisch und werten sie mit jedem Wort ab.

In Kürze: Die Maschen von Narzissten in der Familie

Narzisstische Maschen sind in der Familie besonders wirksam und sie werden von Betroffenen weniger hinterfragt als bei anderen. Die narzisstische Mutter sieht die Tochter als Erweiterung ihres Selbst oder sie kehrt das Tochter-Mutter-Verhältnis hinsichtlich der Aufgaben und Rollen um. Oft sehen Narzisstinnen ihren Sohn als Partnerersatz. Narzisstische Väter stehen häufig im ständigen Wettbewerb zu ihrem Sohn. Narzisstische Eltern richten ihre Kinder auf negative Beziehungen aus und ein bevorzugtes Erziehungsmittel ist ständige Kritik und Kontrolle. Narzisstische Eltern belasten ihre Kinder zudem durch den unablässigen Wechsel zwischen Nähe und Distanz. Indem sie Menschen aus dem direkten Umfeld der Kinder immer besser behandeln und bewerten als ihre Kinder, schwächen sie deren Selbstwert.

Narzisstische Großeltern können durch ihre Maschen viel Unfrieden schüren, sie fordern viel von ihren Kindern und Enkeln und üben offen oder im Hintergrund ihre Macht aus. Narzisstische Eltern stören oft das gute Verhältnis von Geschwistern und treiben diese in Konkurrenz und Misstrauen gegeneinander und zu ebenfalls narzisstischem Verhalten.

Reality-Check: Wie ist das bei mir?

- ◇ Wie ist das Verhältnis zu deiner Mutter und deinem Vater?
- ◇ Wie haben sich deine Mutter und dein Vater um dich gekümmert?
- ◇ Waren sie liebevoll?
- ◇ Konntest du dich als Kind und kannst du dich heute entfalten?
- ◇ Hast du das Gefühl gehabt, nie genug zu sein? Hast du es noch heute?
- ◇ Wie war das Verhältnis deiner Mutter und deines Vaters zu deinen Freunden/Exfreunden?
- ◇ Wie haben deine Großeltern sich dir gegenüber verhalten? Haben sie Interesse an dir gehabt?
- ◇ Wie ist das Verhältnis zu deinen Geschwistern?
- ◇ Behandeln deine Geschwister dich, eure Eltern und andere Familienmitglieder wertschätzend?

Maries Tipps

- ◇ Schau dir das Verhältnis zu deinen Eltern genau an, ohne ihr Verhalten vorab zu entschuldigen.
- ◇ Betrachte genau, wie deine Mutter und dein Vater dich behandeln: Welche Gefühle löst das bei dir aus?
- ◇ Mach dir klar, welche Rolle du innerhalb der Familie hast.
- ◇ Schau dir das Verhältnis zu deinen Geschwistern an und wie sie dich behandeln.
- ◇ Verteile keine »Freifahrtscheine für schlechtes Benehmen« in deiner Familie. Gerade die Familie sollte besonders freundlich und wertschätzend zu dir sein.

Dynamiken verstehen

Warum setzt man einem Narzissten keine klaren Grenzen, obwohl sein Verhalten einen selbst so sehr belastet? – Dahinter stehen oft ein Wiederholungszwang und ein unbewusstes Zusammenspiel. Beides ist häufig auf Erfahrungen in der Kindheit zurückzuführen.

Der Wiederholungszwang

Warum gerät man eigentlich immer wieder in Beziehungen zu Narzissten, sei es privat oder beruflich? Wieso erkennt man die Maschen nicht? – Wer die zugrundeliegenden Dynamiken versteht, hat Ansatzpunkte, diese verletzenden Wiederholungen zu verlassen und gesunde Beziehungen zu führen.

Die Maschen der Narzissten zu verstehen ist erst der halbe Weg zur Veränderung. Wir müssen auch die zweite Spur aufnehmen: Wo jemand agiert, reagiert ein anderer.

Das große Warum

Die Leserinnen und Leser meines Blogs »Narzissmus verstehen« und die Community meines gleichnamigen YouTube-Kanals stellen mir häufig die Frage nach dem Warum: Warum zieht man keine Grenzen? Warum bleibt man in dem Umfeld von Narzissten? Warum entschuldigt man ihr ver- und zerstörendes Verhalten immer wieder? Warum hält man jahrzehntelang eine Partnerschaft aufrecht, die ver- und zerstörend ist? Wie konnte es überhaupt passieren, dass man an einen so abwertenden Partner geraten ist?

Natürlich hat jeder Mensch seine eigene Vergangenheit und entsprechend individuell sind die Antworten. Doch eines haben Menschen, die sich immer wieder und sehr tief in narzisstischen Beziehungen wiederfinden und dies lange mitmachen, oft gemeinsam: Sie empfinden alles als Normalität.

Tatsächlich neigen Menschen, die in einem narzisstischen Umfeld aufgewachsen sind, dazu, sich im weiteren Leben immer wieder narzisstische Freunde zu suchen. Wie von Geisterhand gesteuert finden sie immer wieder narzisstische Partner und geraten an narzisstische Chefs oder Kollegen. Eine Vielzahl von Menschen, mit denen ich in den letzten Jahren gearbeitet habe und die sich im engen Umfeld mit Narzissten umgeben, sind oftmals tief in den Dynamiken und emotionalen Abhängigkeiten verstrickt. Viele kommen aus einem Elternhaus, in dem mindestens ein Elternteil extrem narzisstische Züge aufwies. Und das erklärt, warum sie den Narzissten keine Grenzen ziehen: Für sie ist es Normalität. Die Betroffenen spüren, dass etwas nicht stimmt, sie gehen aber davon aus, dass es an ihnen liegen muss. Denn das suggerieren ihnen von klein auf die Narzissten in ihrem Umfeld und so ist das Gefühl bei diesen Menschen tief verwurzelt, dass sie nie gut genug, an allem schuld und die Ursache sind, warum sich Narzissten ihnen gegenüber so verhalten.

Doch warum sollte man sich freiwillig, wenn man aus einer ungesunden Beziehung kommt, wieder in eine solche begeben? Leider handeln Menschen nicht immer vollkommen rational. Unterbewusst führen verschiedene psychische Dynamiken auch zu schlechten Entscheidungen. Eine dieser Dynamiken ist der sogenannte Wiederholungszwang (Diamond, 2008).

Wissen: Wiederholungszwang

Wiederholungszwang ist die zwanghafte Neigung, unangenehme oder sogar schmerzhafte Gedanken, Handlungen, Szenen oder Situationen zu wiederholen. (Witz, 2020, S. 1926) Er ist ein neurotischer Abwehrmechanismus und ein Versuch, die eigene Geschichte neu zu schreiben. Das bezieht sich in der Regel auf die schwierige Beziehung zu den Eltern, insbesondere zu den Eltern des entgegengesetzten Geschlechts.

Frühe Prägung durch und auf Narzissten

Hat ein Kind narzisstische Eltern oder ein narzisstisches Elternteil, ist – wie du im ersten Kapitel gelesen hast – seine Kindheit von ständiger Frustration, Enttäuschung, Ablehnung, Verlassensängsten, Vernachlässigung oder körperlicher und emotionaler Misshandlung geprägt. Das bedeutet für das Kind einen permanenten psychischen Ausnahmezustand. Um die ständigen extremen narzisstischen Verhaltensweisen der Eltern überhaupt zu überleben, leugnet das Kind diese Realität (»Bei uns zu Hause ist alles super«) und unterdrückt Gefühle der Wut, Depression und Verzweiflung. Es ist für ein Kind sehr belastend, wenn beispielsweise die Mutter es mit tagelangem Schweigen straft oder wenn es am Esstisch wieder von den Eltern ausgelacht wird, weil es ein Wort falsch ausgesprochen hat, oder wenn das Kind ständig wegen seiner Figur gedemütigt wird. Das ist traumatisch für die kleine Kinderseele.

Kinder aus solchen Elternhäusern klammern sich deswegen an die Hoffnung, dass sie, wenn sie nur gut genug sind, besonders gute Noten nach Hause bringen, nicht auffallen und keine Last, sondern besonders hilfsbereit, witzig oder charmant sind, endlich die Gunst der Eltern gewinnen und dann von ihnen bedingungslos geliebt werden. Unablässig hängen sich betroffene Kinder an diese Hoffnung und viele Menschen prägen diese Erfahrungen so sehr, dass sie auch als Erwachsene entsprechend handeln – natürlich unbewusst.

Das schlechte und abwertende Verhalten wird von den Kindern nicht als solches erkannt, sie wehren ihr Leid ab, indem sie die Eltern entschuldigen: »Mama ist schlecht drauf, sie muss doch so viel managen auf der Arbeit und hat deshalb auch keine Zeit.« – »Für uns ist kein Geld da, weil Mama und Papa später unser Zuhause für uns schön machen wollen.« – »Ich muss mich um meine kleine Schwester kümmern, weil Mama so viel im Haushalt zu tun hat.«

Als Kind glaubt man fälschlicherweise, dass das Problem mit den Eltern an einem selbst liegt. Kinder solcher Eltern glauben die Macht zu haben, ihre Eltern kontrollieren und verändern zu können, wenn sie beispielsweise für gute Stimmung innerhalb der Familie sorgen und alles tun, um eine aus Sicht der Eltern liebenswerte Person zu sein: »Wenn ich mich nur ganz doll anstrenge, dann wird Mama nicht mehr so viel schimpfen und mich lieb haben.« Das ist natürlich ein aussichtsloses Unterfangen, da das Problem nicht das Kind ist, sondern die narzisstischen Eltern. Narzisstische Eltern sind – aufgrund der eigenen Einschränkungen, die ich im ersten Kapitel erläutert habe – nicht in der Lage und nicht bereit, dem Kind die Liebe, Struktur und Akzeptanz zu geben, die Kinder benötigen, um sich emotional gesund zu entwickeln.

Wiederholung als Erwachsene

Im Erwachsenenalter wiederholen Kinder von narzisstischen Eltern dann teilweise unbewusst und zwanghaft dieses Kindheitsszenario. Sie versuchen weiterhin, den abweisenden oder ambivalenten oder emotional nicht verfügbaren oder missbräuchlichen narzisstischen Elternteil irgendwie in einen liebevollen zu verwandeln.

Im späteren Verlauf des Lebens sind es leider nicht nur die Eltern, auf deren Liebe und Anerkennung man hofft, sondern beispielsweise der neue Partner oder Chef. Andere Personen werden hinsichtlich der tiefen Sehnsucht, gesehen, geliebt und anerkannt zu werden, die symbolische Vertretung der Eltern.

Die Ähnlichkeit des Narzissten mit einem Elternteil führt in die Falle.

Eine unheimliche Anziehungskraft, eine Art unbewusstes »Radar« führt Kinder von Narzissten ausgerechnet wieder zu Beziehungen mit Narzissten. Denn diese sind auf eine Art und Weise, die anfangs oft nicht bewusst wahrnehmbar ist, dem narzisstischen Elternteil ähnlich –

dem Elternteil, mit dem man in der Kindheit vielleicht sogar aufgrund psychischer oder sogar physischer Gewalt besondere Schwierigkeiten hatte.

Das sind dann die Menschen, in die wir uns »verlieben« oder in die wir uns im Job und in Freundschaften einlassen. In Liebesbeziehungen glaubt man dann, endlich den »Seelenverwandten« oder das »perfekte Match« getroffen zu haben. Beim Job denkt man, dass es der Glückstreffer ist, weil man mit dem Chef den gleichen Humor hat.

Doch man hat unbewusst – aufgrund der Dynamik – die Nähe zu Narzissten gesucht: Beispielsweise entspricht der abwertende Humor dem typischen Familienhumor oder Herabsetzungen und Lästereien waren in der Herkunftsfamilie mit Narzissten bereits übliche Bestandteile des Alltags. Diese Ähnlichkeiten können dann schon beim Kennenlernen des Narzissten zu einer – leider ungesunden – Vertrautheit und dem Gefühl der »Seelenverbundenheit« führen. Ebenso sind Kinder narzisstischer Eltern seit eh und je daran gewöhnt, dass es ständig Missverständnisse gibt und auch, dass man dann und ebenso in Auseinandersetzungen den Fehler bei sich selbst sucht. Auch dies ist ein automatischer Prozess, da narzisstische Eltern die Schuld immer ihren Kindern anlasten.

Auch das Bestreben, nicht anzuecken und gemocht zu werden, stets die Rolle der netten und immer freundlichen Menschen zu spielen, die sich für andere einsetzen und dazu neigen, sich ausnutzen zu lassen, nehmen Kinder von Narzissten oft mit in ihr Erwachsenenleben. Und es fehlt ihnen aus der Kindheitsprägung heraus an der Kompetenz, Konflikte mit anderen auszutragen und zu streiten. Selbstbestimmt klare Grenzen zu setzen ist schwer, dadurch machen sie es Narzissten leicht, die beschriebenen Maschen anzuwenden.

Es geschieht also nicht etwa aus einem Masochismus heraus, dass so viele Menschen, die unter Narzissten leiden, diesen nicht einfach den Rücken kehren. Sondern sie stecken in der Wiederholungsschleife: Gefühlt ist man noch immer der verwundete, zurückgewiesene, verlassene kleine Junge oder das kleine Mädchen und versucht verzweifelt, auch wenn man älter und längst erwachsen ist, die Liebe von Mama oder Papa zu gewinnen.

Anzeichen von Wiederholungszwang erkennen

Die Voraussetzung dafür, nicht immer wieder in den Wiederholungszwang und somit in destruktive Beziehungen zu anderen Menschen zu geraten, ist, zu erkennen, wie es dazu kommt. Vielleicht treffen einige der folgenden Faktoren auf dich in privaten oder beruflichen Beziehungen zu?

Gefühlte »Seelenverwandtschaft«
Die Liebesbeziehung zu einem Narzissten beginnt, wie ich bereits ausgeführt habe, häufig grandios, spektakulär oder schicksalsbeladen. Es entzündet sich ein emotionales Feuerwerk, man schwelgt in einer scheinbaren Seelenverwandtschaft. Man fühlt sich endlich geborgen, verstanden und gesehen, ist stolz, endlich die große Liebe gefunden zu haben, und möchte dies allen zeigen. Ein Gefühl der Leichtigkeit, überhaupt ein ganz neues Lebensgefühl herrscht vor. Es ist alles viel zu schön, um wahr zu sein. Und das bewahrheitet sich leider beizeiten.

Ähnlich euphorisch kann eine berufliche Zusammenarbeit beginnen: Man versteht sich auf Anhieb mit dem Kollegen, Chef oder Partner, es ist, als arbeite man bereits seit Ewigkeiten zusammen, als kenne man sich schon aus Sandkastenzeiten.

Doch beim genaueren Hinsehen wird sichtbar, dass die Mutter oder Vater dem aktuellen Vorgesetzten oder dem Kollegen oder dem neuen Liebsten in ihrem Verhalten ähnlich sind – und dass dies der Grund ist, warum man die Person schon lange und genau zu kennen meint.

Ein bestimmtes »Beuteschema«

Bei der Partnersuche verfolgen Menschen, die auf Narzissten geprägt sind, oft ein bestimmtes »Beuteschema«. Sie wählen unnahbare Beziehungspartner, die nicht kritikfähig sind. Sie werden emotional auf Abstand gehalten, bloß keine Intimität. Bei genauer Selbstbeobachtung stellt man womöglich fest, dass man Intimität auch selbst eher vermeidet.

Oft weisen Narzissten im persönlichen Umfeld eine Eigenheit auf, die bereits ein Elternteil hatte.

Das narzisstische Gegenüber weist häufig emotionale Defizite auf, die auch ein narzisstisches Elternteil hatte, wie beispielsweise die ähnliche Distanz-Nähe-Problematik. Zieht der narzisstische Partner sich nach einer gewissen Zeit plötzlich zurück, kann einem dieses Verhalten sehr vertraut vorkommen.

Betroffene wiederholen ihre Geschichte aus dem Elternhaus auch auf sehr belastende Art, indem sie sich mit Menschen mit Drogen- oder Alkoholproblemen oder großem Gewaltpotenzial oder ausgeprägter Unzuverlässigkeit umgeben.

Zudem sucht man sich immer wieder ältere Freundinnen und Bekannte und auch berufliche Partner, da das Alter zu dem Eindruck beiträgt, man kenne sich schon lange – wobei das Alter nur die nicht wahrgenommene Wirkung der Ähnlichkeit zum narzisstischen Elternteil verstärkt.

Sich aufopfern für andere

Wenn du im beruflichen Zusammenhang oder in einer Freundschaft oder Beziehung immer wieder den Eindruck hast, dass du mehr gibst als der Freund oder Partner, kann dies ein Zeichen sein, dass du Strategien, die du in der Kindheit gegenüber deinen Eltern eingesetzt hast, wiederholst: Möglicherweise handelst du weiterhin in der Hoffnung, geliebt, gemocht und anerkannt zu werden. Im Extremfall fängt man an, das Gegenüber »zu bemuttern«.

Fallbeispiel Victoria

Victoria hatte schon wiederholt erlebt, dass eine Liebesbeziehung scheiterte. So wie die mit Paul. Er war »Künstler«, wie er von sich sagte. Er war ständig pleite und hatte sich oft von ihr aushelfen lassen. Dennoch hatte er Victoria abgewertet, weil sie in einem Büro arbeitete. Wenn sie morgens im Businessoutfit losgegangen war, hatte er gelacht: »Na, Business-Ursel, spielen wir heute wieder Büro und sind wichtig?« Das hatte ihr immer einen Stich gegeben. Da seine Wohnung chaotisch gewesen war, hatte sie für ihn aufgeräumt. Auch das Kochen und Einkaufen hatte sie übernommen, obwohl Paul den ganzen Tag zu Hause verbracht hatte. Ihr späterer Freund Ahmed war Moderator und Blogger und hatte ein festes Einkommen. Doch auch er hatte sich oft über Victoria lustig gemacht. »Na, gehst du wieder Menschen ausbeuten?« war sein Standardspruch gewesen. Ahmed war jedoch fleißig. Trotzdem hatte es nicht lange gedauert, bis Victoria wieder ihr Programm aufgenommen hatte: Sie hatte seine Dachterrasse bepflanzt, die Wohnung geputzt, Ahmed bekocht, ihn beruflich unterstützt, indem sie eine neue Homepage gestaltete und Akquise-E-Mails entwarf. Ahmed hatte es ihr nicht gedankt, sondern war, je mehr sie gemacht hatte, desto launischer geworden. Sie hatte sich noch mehr bemüht, er war noch verletzender geworden. Irgendwann war Schluss.

Jetzt war Victoria mit Till zusammen, Ingenieur mit Topausbildung und eigener Wohnung. Zwar herrschte darin auch ständig Chaos, doch das blendete Victoria aus. Ihr war wichtiger, dass Till unglücklich im Job war und gerne wechseln wollte. Also schrieb sie Bewerbungen für ihn, baute ihn emotional auf, coachte ihn durch den Bewerbungsprozess. Er bekam den Job, meckerte aber ständig darüber: »So früh aufstehen, der lange Arbeitsweg …« Victoria übernahm wieder die Hausarbeit, doch statt ihr für alles zu danken, machte er sich immer häufiger über sie lustig. Doch diesmal würde alles anders werden, das spürte Victoria: »Ich muss mich nur richtig bemühen.«

Innere Leere, gemischte Gefühle und Selbstzweifel

Einem chronischen dysfunktionalen Muster zu folgen und dadurch sein eigenes Glück stark einzuschränken führt zu Leid und Schmerz – und beides kann Betroffenen signalisieren, dass etwas nicht stimmt. Permanent schlecht behandelt zu werden und dagegen keine Grenzen ziehen zu können macht wütend und traurig. Viele Betroffene empfinden auch oft eine unverständliche innere Leere, führen ein Leben wie auf »rohen Eiern«, viele fühlen oft Instabilität und Zerbrechlichkeit, während sie eine ständige große Belastung spüren.

Da zudem aufgrund der Dynamiken im Zusammensein mit einem Narzissten keine enge Bindung entsteht und Beziehungen immer wieder dramatisch verlaufen und scheitern, glaubt man selbst, nicht beziehungsfähig zu sein. Wer solche Gefühlslagen bei sich wahrnimmt, findet möglicherweise auch Hinweise darauf, mit manchen seiner Verhaltensweisen in einer Wiederholungsschleife zu stecken.

Stark ausgeprägte Beharrlichkeit

Menschen, die trotz allem ihre Freundschaft oder ihre Beziehung oder ein miserables Arbeitsverhältnis mit einem Narzissten aufrechterhalten, legen oft ein enormes Beharrungsvermögen an den Tag. Allen Abwertungen, Scheinmissverständnissen, Verletzungen, schlechten Gefühlen zum Trotz ziehen sie keine Konsequenzen. Hinweise auf eine solche Verfassung können Gedanken wie diese sein: »Diesmal wird es anders: Ich werde diesen Menschen dazu bringen, mich zu lieben«, »Ich kann ihn ändern, wenn ich mich nur genug anstrenge«, »Dieses Mal werde ich nicht scheitern«.

Wenn du mehrere solche Anzeichen dafür, dass du Verhalten von früher wiederholst, bei dir feststellst, kannst du dein Augenmerk darauf richten, wobei du immer gleich reagierst. Weitere Tipps gebe ich dieses Mal am Ende des folgenden Abschnitts, da sie für beide Themenbereiche hilfreich sind.

Das Zusammenspiel von Narzisst und Komplementärnarzisst

Ein weiteres psychisches Phänomen führt einen Menschen oft zu einem Narzissten und macht es schwer, sich auch aus der unheilvollen Beziehung zu lösen.

Der Narzisst braucht Menschen, die ihn grenzenlos bewundern, um seinen Selbstwert zu erhöhen. Es gibt zudem Menschen, die ihren Selbstwert dadurch erhöhen, dass sie andere bedingungslos unterstützen und bewundern. Dass sich diese beiden finden und scheinbar wie Schlüssel und Schloss zusammenpassen, ist auf eine besondere psychische Konstellation zurückzuführen – und die erklärt, warum manche so lange bei Narzissten ausharren.

Wissen: Kollusion

Oft empfinden zwei Personen ein umfassendes Einvernehmen und leben aufgrund unbewusster Motive oder Konflikte in einem ebenfalls unbewussten, also nicht abgestimmten Zusammenspiel. Die Psychologie bezeichnet dies als Kollusion; der Begriff stammt vom lateinischen »colludere«, zu Deutsch »miteinander spielen«. Die Basis dieses Zusammenspiels sind gleichartige neurotische Beziehungskonflikte (siehe Wirtz, 2020), wobei die beiden Personen diesen in entgegengesetzter Weise begegnen (siehe Willi, 2014), beispielsweise als Narzisst und Komplementärnarzisst.

In der Narzissmusthematik weisen beide Partner der Kollusion als Grundstörung ein abgrenzungsgefährdetes und als minderwertig empfundenes Selbst auf – sie verfügen über sehr wenig Selbstwert. Beide gehen jedoch unterschiedlich damit um und ergänzen dadurch einander.

Der Narzisst will bewundert werden, um seinen Selbstwert zu stärken. Er hat zugleich Angst vor zu viel Nähe. Sein Gegenstück in dem Zusammenspiel, der Komplementärnarzisst, opfert sich für den Narzissten auf. Er verzichtet auf eigene Bedürfnisse und sogar auf sich selbst als Person: Er möchte am liebsten mit dem Narzissten verschmelzen. Jürg Willi, der bekannte Schweizer Facharzt für Psychiatrie und Psychotherapie sowie Psychoanalytiker, veranschaulichte dies in zwei Sätzen (siehe Willi, 2014, Seite 107):

- »Ich kann so grandios sein, weil Du mich so schwärmerisch verehrst«, sagt sich der Narzisst.
- »Ich kann Dich so schwärmerisch verehren, weil Du (für mich) so grandios bist«, sagt der Komplementärnarzisst.

Wissen: Komplementärnarzisst

Ein Zuwenig an Narzissmus führt dazu, dass ein Mensch sich einem anderen zu stark, mitunter bedingungslos hingibt und sich sogar für diesen aufgibt. Er stellt sich ganz zurück, damit der andere glänzen kann. Bei dem Narzissten wächst dadurch der Selbstwert. (Willi, 2014) Ein solcher Mensch kann sich gut in andere einfühlen. Er wertet sich auf, indem er den Narzissten unterstützt. So erfahren beide eine Ergänzung ihres Selbst. Der den Narzissten Ergänzende wird »Komplementärnarzisst« genannt. Er ist aber kein Narzisst, er harmoniert lediglich ungesund mit ausgeprägten Narzissten.

Dem Narzissten gefällt, dass der Komplementärnarzisst zu ihm aufschaut und dass er auf dessen Wünsche keine Rücksicht nehmen und sich nicht einschränken muss. Allerdings wird es ihm nach einiger Zeit zu viel: Die Selbstaufgabe des Komplementärnarzissten fühlt sich für ihn wie Kontrolle an und das idealisierte Bild, das der andere von ihm hat, engt ihn ein.

Das ist der Punkt, an dem die Beziehung kippt und weitere psychische Dynamiken ihren Lauf nehmen: Der Narzisst wertet den Komplementärnarzissten ab, kränkt und verletzt ihn. Bald ist die Grenze erreicht, an dem Partner mit ausreichendem Selbstwert sagen würden: »Bis hierhin und nicht weiter.« Doch der Komplementärnarzisst entschuldigt das Verhalten des Narzissten: »Er meint es ja bestimmt nicht so«, »Ich muss mich mehr bemühen, ihn zu verstehen«. Er verharrt in dieser Beziehung, obwohl der Narzisst unentwegt seine Maschen durchzieht.

Da der Narzisst das Verhalten des Komplementärs nicht mehr hinreichend aufwertend empfindet, sucht er sich dann häufig außereheliche Beziehungen und hat Affären, um seinen geringen Selbstwert zu steigern. Der Komplementärnarzisst idealisiert den Narzissten dennoch und überdeckt auf diese Weise seine eigenen ständigen Minderwertigkeitsgefühle, die er wegen seiner überhöhten Ansprüche an sich selbst hat.

Durch die Dynamik der Kollusion hält der komplementäre Partner trotz allem an der Beziehung fest.

Tragisch ist, dass solche ungesunden Beziehungen durch die Dynamik der Kollusion oft Jahre oder Jahrzehnte bestehen. Der Komplementärnarzisst hofft immer weiter auf Änderung. Wenn das Paar gemeinsame Kinder hat, steigert das sein Ziel, um jeden Preis die Familie zusammenzuhalten, sein unheilsames Durchhaltevermögen zusätzlich.

Kommt es doch zur Trennung, kann auch noch lange darüber hinaus eine tiefe ungesunde seelische Verbundenheit des Komplementärnarzissten mit dem Narzissten bestehen bleiben, wenn der Komplementärnarzisst nicht an seinem geringen Selbstwert arbeitet. Er hängt seine Gedanken wie zuvor an den Narzissten, etwa: »Ohne mich wird er nicht zurechtkommen im Leben«, »Er wird zurückkehren, wir gehören doch zusammen; irgendwann wird er das erkennen«.

Zusätzlich hält das bereits erwähnte Wechselspiel zwischen Nähe und Distanz die ungesunde Dynamik am Laufen, sodass der Komplementärnarzisst in manchen Fällen sogar jahrelang im Grübeln, Warten und Hoffen verharrt.

Veränderung kann in Gang kommen, wenn der Komplementärnarzisst die Dynamik durchbricht.

Es ist ja zum Glück durchaus möglich, dass der Komplementärnarzisst an seinem geringen Selbstwert arbeitet und diesen steigert. Wenn er dann seine Aufmerksamkeit auf das eigene Selbst richtet sowie seine eigenen Bedürfnisse und Wünsche anmeldet und ihre Erfüllung einfordert, kann dies zu einer neuen Dynamik innerhalb der Beziehung und zu ihrem Bruch führen. Denn während der Komplementärnarzisst seine ergänzenden Verhaltensweisen abgelegt hat, ist es dem Narzissten aufgrund der mangelnden Selbstreflexion häufig kaum möglich, ebenfalls an sich zu arbeiten. In der Folge finden die beiden kein Miteinander mehr; sie ergänzen sich nicht mehr: Der Narzisst hat niemanden mehr, der ihn bewundert und unterstützt. Der Komplementärnarzisst hat sein eigenes Selbst gestärkt und lässt sich nicht mehr abwertend von dem Narzissten behandeln. In letzter Konsequenz geht der Komplementär vielleicht sogar den schweren Weg der Trennung, wenn der Narzissmus bei seinem Partner sehr stark ausgeprägt ist und dieser kein Veränderungspotenzial hat und auch keinerlei Willen dazu zeigt.

Die beschriebenen Dynamiken laufen bei beiden Beteiligten automatisch ab, nach einer »versteckten Agenda«, derer sie sich oft nicht bewusst sind.

In Kürze: Das Zusammenspiel von Narzisst und Komplementärnarzisst

Der Wiederholungszwang beziehungsweise das unbewusste, starke Bestreben, ähnliche Beziehungen wie die zu einem narzisstischen Elternteil zu finden, beruht auf der tiefen Sehnsucht, endlich die Anerkennung und die Liebe der Eltern zu erringen – oder von Ersatzpersonen wie dem Partner, Familienmitgliedern, einer Freundin, einer Kollegin oder vom Chef. So fühlen sich Betroffene immer wieder zu Menschen hingezogen, die ähnliche Verhaltensweisen aufweisen, wie sie als Kind seitens eines narzisstischen Elternteils schmerzhaft erlebt haben. Anzeichen, dass man womöglich in einem Wiederholungszwang steckt, können insbesondere gefühlte »Seelenverwandtschaft«, ein sich wiederholendes »Beuteschema«, die Neigung, sich für andere aufzuopfern, häufige Gefühle von innerer Leere und Selbstzweifel, stark ausgeprägte Beharrlichkeit sein.

Eine besondere psychische Konstellation bewirkt zusätzlich, dass Betroffene im Verlauf ihres Lebens immer wieder ausgerechnet in Kontakt oder Beziehung zu Narzissten geraten: Gleichartige Grundkonflikte führen sie unbewusst in ein unheilvolles, einander ergänzendes Zusammenspiel, in die sogenannte Kollusion. Die wechselseitige Aufwertung, die der Narzisst und sein ergänzender Partner, der Komplementärnarzisst, einander geben, schweißt die Partner trotz allen Schmerzes zusammen.

Veränderung kann häufig erst dann eintreten, wenn der Komplementärnarzisst an seinem Selbstwert arbeitet und in der Folge die unheilvolle Beziehungsdynamik unterbrochen wird.

Reality-Check: Wie ist das bei mir?

- ◇ Stellst du immer wieder fest, dass deine Beziehungen, sei es in der Liebe, im Job oder in Freundschaften, ähnlich verlaufen?
- ◇ Bist du eine Person, die sich in Beziehungen immer sehr stark zurücknimmt, also beispielsweise eigene Bedürfnisse nicht äußert? Falls ja: Warum nimmst du dich selbst so stark zurück?
- ◇ Bist du dafür bekannt, mehr zu geben als einzufordern? Bist du eher die Frau oder der Mann in der zweiten Reihe, der den Partner / den Freund / die Familie unterstützt?
- ◇ Lässt dein Partner sich gerne von dir umsorgen? Sieht er das als selbstverständlich an und gibt er dir dafür keinerlei Wertschätzung?
- ◇ Hattest du die Rolle der Umsorgenden schon in deiner Kindheit in deiner Familie inne?

Maries Tipps

- ◇ Sei dir bewusst, dass man sich Liebe bei anderen nicht erarbeiten muss, weder bei den Eltern noch bei anderen Menschen im engen Umfeld.
- ◇ Wenn du dazu neigst, dich aufzuopfern und unterzuordnen, versuche die Situation, in der du dies machst, und die Motive genau anzuschauen.
- ◇ Gib Aufgaben wie die Pflege narzisstischer Eltern an professionelle Dienstleister ab – ohne schlechtes Gewissen.
- ◇ Im Job: Arbeite nicht, um dafür gemocht zu werden.
- ◇ Narzisstencheck: Probiere einmal aus, was geschieht, wenn du bei Menschen in deinem Umfeld ein Bedürfnis äußerst und darauf beharrst, dass es erfüllt wird.

Souverän mit Narzissten umgehen

Nur Mut: Du kannst deine Anfälligkeit für die Maschen der Narzissten abbauen und eine klare eigene Haltung und innere Stärke entwickeln.

Selbstzweifel abbauen

*Selbstzweifel sind eines der großen Einfallstore für Narzissten.
Du kannst es schließen.*

Die Themen Selbstwert und Selbstzweifel liegen eng beieinander: Menschen mit einem niedrigen Selbstwert tendieren zu Selbstkritik, weil sie grundsätzlich erhebliche Selbstzweifel haben und deshalb Ursachen für Misserfolge und Fehler vor allem bei sich selbst suchen und finden. Haben sie sich selbst als Verursacher eines Fehlers oder Missgeschicks erkannt, erleben sie sich deshalb als wertlos. Ein geringer Selbstwert ist also sowohl Ursache als auch Folge von geringem Selbstwert – die »Katze beißt sich in den Schwanz« – und bestätigt und festigt zugleich die Selbstzweifel der betreffenden Person.

Welche Probleme es in beiden Bereichen geben kann, woher sie kommen, welche Auswirkungen sie haben und wie man sich stärken kann, erkläre ich dir in den folgenden Abschnitten.

Selbstzweifel gehören zum Leben

Selbstzweifel sind in einem gewissen Maß ganz normal und es kann durchaus auch ein Persönlichkeitsstil sein. Gewisse Selbstzweifel hat fast jeder und es muss auch nicht mit einem Leidensdruck einhergehen, wenn die Zweifel sich in einem angemessenen Rahmen bewegen. Im Gegenteil: Wer sich gesund hinterfragt, entwickelt sich auch selbst weiter.

Sind Selbstzweifel allerdings sehr stark ausgeprägt, können sie einem das Leben schwer machen.

Wissen: Selbstzweifel

Als Selbstzweifel bezeichnet man in der Psychologie die Zweifel an der eigenen Person – an einem selbst. Betroffene befinden sich in innerer Unzufriedenheit und Unsicherheit darüber, was sie selbst tun, können oder wollen. (Lexikon der Psychologie, Spektrum der Wissenschaft) Selbstzweifel im krankhaften Bereich, eine sogenannte selbstunsichere Persönlichkeitsstörung, weisen etwa 1–2 Prozent der Bevölkerung auf.

Wie sich extreme Selbstzweifel zeigen

Bei starken Selbstzweifeln machst du dich ständig gedanklich selbst fertig: Du schimpfst mit dir, weist dich permanent zurecht, zweifelst an deinem Aussehen, Können, Verhalten. In deinem Kopf befindet sich kein Freund und Fürsprecher für dich, sondern ein knallharter Richter: Jedes Urteil fällt in dem Gerichtssaal, in dem du dich gedanklich täglich befindest, zu deinen Ungunsten aus. Eine negative innere Stimme und destruktive kritische Selbstgespräche befeuern deine Selbstzweifel permanent.

Außerdem hast du ständig Angst, dass etwas »falsch« mit dir ist und du dumm, hässlich oder ein Idiot bist. Auch äußerlich findest du vor allem Schwächen an dir: eine viel zu kleine Brust, deine Haare fallen dir aus, deine Nase ist zu groß, die Lippen sind nicht voll genug und zu dick fühlst du dich auch.

Du bist zudem überzeugt davon, demnächst als Hochstapler entlarvt zu werden. Andere werden erkennen, dass deine Erfolge, Fähigkeiten und Leistungen erschlichen sind und du dir diese nicht verdient hast. Sind diese Zweifel extrem ausgeprägt, kann es sein, dass du unter dem sogenannten Impostor-Syndrom leidest.

Wissen: Das Impostor-Syndrom

Dieses Syndrom wird auch Betrüger-Syndrom oder Hochstapler-Syndrom genannt. Es bezeichnet das ausgeprägte Gefühl, selbst ein Betrüger hinsichtlich seiner Fähigkeiten, seines Wissens und seiner Erfolge zu sein. Entdeckt wurde es 1978 von den Psychologen Pauline Rose Clance and Suzanne Imes.

Betroffene meinen, mit ihren minderen Fähigkeiten unentdeckt durch das System gerutscht zu sein, und die ständige Sorge, dass es jeden Moment jemand herausfinden und entlarven wird, treibt sie um. Sie glauben, nur kompetent auszusehen, sind aber überzeugt davon, dass sie keine Ahnung haben und nicht gut genug oder klug genug sind für das, was sie machen. Sie sind sich gewiss, dass es nur eine Frage der Zeit ist, bis alle sehen, wie unfähig sie sind. Zugleich überbewerten sie das Wissen anderer. (Fischer, Len, 2014)

Das Impostor-Syndrom steht oft mit Angstzuständen oder Neurotizismus in Verbindung. Die Ursachen liegen häufig im familiären Bereich, so auch bei krankhaft narzisstischen Eltern, die einem das Gefühl gaben, nicht gut genug zu sein.

Rund 70 Prozent der Menschen haben ab und an das Impostor-Gefühl. Man ist also gar nicht so alleine damit, sofern es nicht zu häufig und ausgeprägt auftritt.

Wichtig zu wissen: Es ist ein Syndrom und keine Erkrankung. Die Existenz des Syndroms ist in der Fachwelt umstritten, es ist auch weder im ICD-10 noch im DSM-5 aufgeführt.

Die Ursachen von Selbstzweifeln

Extreme Selbstzweifler haben häufig narzisstische Eltern, die ihr Kind ihre extremen Zweifel an dem Kind ständig spüren ließen und ihm gegenüber als streng urteilende Richter auftraten. Das Kind war ihnen nie gut genug und es hat sich aufgrund des Wiederholungszwangs (siehe ab Seite 132) daran abgearbeitet, doch – wenn es sich nur genug anstrengt – noch in den Augen der Eltern gut zu werden. Deswegen sind die richtende Mutter oder der strenge und ständig zweifelnde Vater auch immer im Kopf der Betroffenen, nicht nur in der Kindheit, sondern auch noch, wenn sie längst erwachsen sind. Selbst wenn die narzisstischen Eltern gestorben sind oder es keinen Kontakt mehr zu ihnen gibt, kann es sein, dass Betroffene ständig diese streng urteilenden und selbstzweifelnden Gedanken haben. Sie sind tief in das Denken und Fühlen der betroffenen Menschen eingeprägt.

Narzissten verstärken Selbstzweifel häufig, indem sie mit ihren Abwertungen bevorzugt bei den wunden Punkten ansetzen.

Gibt es in deinem Umfeld zusätzlich noch viele Narzissten, bestimmen Selbstzweifel nicht nur dein Leben; sie werden auch ständig bestätigt und verstärkt. Denn Narzissten setzen genau an diesem Punkt bei ihrem Gegenüber an. Sie helfen dem anderen nicht, die Selbstzweifel zu überwinden und seine Fähigkeiten zu stärken. Im Gegenteil, sie zielen unterschwellig oder auch offensiv auf schwache und mit Selbstzweifeln belegte Punkte des Gegenübers. Sie machen abwertende Scherze über vermeintliche Mängel beim Aussehen und stellen ständig ihr Wissen und ihre Erfolge infrage.

Narzissten empfinden andere oft als Bedrohung, wenn diese mehr Wissen haben, attraktiver oder erfolgreicher sind und so aus ihrer Sicht die Gefahr besteht, selbst nicht mehr als perfekt und besser gesehen zu werden. Zudem sind sie oft neidisch auf andere. Merken sie, dass eine Person ihnen in einigen Punkten überlegen sein könnte, aber auch Selbstzweifel in manchen Dingen hat, nutzen sie ihre Chance, das Gegenüber genau an den brüchigen Stellen abzuwerten und die Selbstzweifel noch zu verstärken. So können die Narzissten glänzen. Auch wenn Narzissten gekränkt wurden, reagieren sie häufig damit, dass sie andere bei ihren Selbstzweifeln packen und diese so verstärken.

Wenn Narzissten aufgrund ihrer Unsicherheiten ihre eigenen Kinder als Bedrohung empfinden, kann sich das besonders schwerwiegend auf diese auswirken. Anstatt ihre Kinder in ihrer Entwicklung zu stärken und zu fördern, versuchen die Eltern, deren Entwicklung zu behindern. Sie säen deshalb häufig Selbstzweifel und verstärken vorhandende Unsicherheiten und destabilisieren so ihre Kinder. Beispiele hierfür sind:

- »Iss mal nicht so viel, du wirst noch so dick wie dein Cousin!«
- »Lange Haare ziehen dein Gesicht so in die Länge«, sagt die Mutter zur Tochter und weist dann die Friseurin der 14-jährigen Tochter an, deren Haare wieder abzuschneiden, obwohl die Tochter so gerne ihre langen Haare behalten würde.
- »Sag mal nicht jedem, was du studieren willst, du musst erst mal dein Abi schaffen«, sagt der Vater zum Sohn, der Klassenbester ist. Nach dem Abitur will er Luft- und Raumfahrttechnik studieren.

Fallbeispiel Bea und Eve

Bea und Eve waren Kolleginnen im Büro eines Vereins. Eve hatte Projektmanagement studiert und Bea Sozialpädagogik. Bea war extrem narzisstisch, sie lästerte viel und zog dauernd im Hintergrund ihre Fäden. Außerdem war sie neidisch auf Eve, was sie aber nie zugegeben hätte. Sie hatte sich ursprünglich auf Eves Stelle beworben, aber Eve hatte aufgrund ihres Studiums die

Stelle als Teamleiterin bekommen. Schnell merkte Bea, das Eve fit war, aber immer wieder auch stark an sich selbst zweifelte. Einmal übersah Eve in einem offiziellen Papier zwei Tippfehler. Der Fehler ärgerte sie maßlos, aber auch ihre Vorgesetzte war aufgebracht. Sie – und natürlich ebenso Bea – ließ keine Gelegenheit aus, diese Tippfehler zu erwähnen. So wurde aus den Tippfehlern irgendwann ein ganzer fehlerhafter Text. Seither nutzte Bea jede Gelegenheit, Eve genau an diesem Punkt zu verunsichern – und es gelang ihr.
»Soll ich noch mal drüberlesen?« Zack, schnappte sie sich den Text. Es ging sogar so weit, dass Bea das Verfassen von Texten an sich zog, beispielsweise mit den Worten: »Wir wissen ja alle, wie das bei Eve endet, ich mache das schon, sicher ist sicher.« Dabei waren diese Texte Eves Aufgabe. Sie sollte die Arbeit der Abteilung nach außen präsentieren. Keine Chance.
Eve zweifelte immer mehr an sich, dabei war sie gut im Schreiben. Sie betrieb nebenbei sogar einen Blog über Reisen und Lifestyle. Unter einem Pseudonym berichtete sie darin von ihren Reisen um die Welt und die Leser liebten sie dafür. Aber niemand wusste davon und sie schaffte es nicht, ihren Bürokolleginnen von diesem Erfolg zu erzählen. Stattdessen ließ sie sich von der narzisstischen Bea immer wieder abwerten.

Woher kennen Narzissten die wunden Punkte?

Es ist ja nicht ungewöhnlich, dass man in einer Beziehung einander vieles anvertraut und so eben auch einander seine Schwächen eingesteht. Lernt man einen Narzissten kennen, kann es sein, dass alles mit einem Love Bombing (siehe Seite 102) der narzisstischen Person beginnt. Möglicherweise hat es sich für dich unglaublich »seelenverwandt« angefühlt und du hast der anderen Person viel zu schnell vertraut und ihr auch deine wunden Punkte offenbart. Zudem waren zu Beginn der Freundschaft oder der Beziehung nur die positiven Seiten des Narzissten zu sehen und du bist deshalb sehr vertrauensselig gewesen. Und wahrscheinlich hast du nicht damit gerechnet, dass jemand mit dem Wissen um deine wunden Punkte so unsensibel umgeht, wie es Narzissten durch ihren Mangel an Empathie nun einmal tun.

In Kürze: Selbstzweifel abbauen

Ein gewisses Maß an Selbstzweifel ist gesund; sich zu hinterfragen kann die persönliche Entwicklung fördern. Wenn jedoch die Selbstzweifel ständige Begleiter im Leben eines Menschen sind, kann dies zu ständiger Anspannung führen. Manche Menschen leiden unter dem sogenannten Impostor-Syndrom: Sie zweifeln umfassend an sich selbst, sehen sich selbst als Hochstapler hinsichtlich ihres Wissens und ihrer Fähigkeiten und meinen, dass dies sicher demnächst aufgedeckt wird, und leben in ständiger Angst davon.

Die Tendenz, stark an sich selbst zu zweifeln, wird oft bereits in der Kindheit durch narzisstische Eltern geprägt, die ihre Kinder ständig abwerten und so die Selbstzweifel säen und immer mehr verstärken.

Selbstzweifel öffnen Narzissten ein Tor für gezielte Abwertung: Denn sie setzen vorzugsweise da an, wo Menschen ihre wunden Punkte zeigen. Dadurch verstärken sie die Selbstzweifel des Betroffenen. So führen Selbstzweifel häufig zu mehr Selbstzweifel.

Selbstzweifel stehen in engem Zusammenhang mit niedrigem Selbstwert. Beide befeuern und verstärken sich wechselseitig.

Reality-Check: Wie ist das bei mir?

- ◇ Hast du starke Selbstzweifel?
- ◇ Wie zeigen sich Selbstzweifel bei dir?
- ◇ Haben deine Eltern dich bestärkt, nicht so sehr an dir zu zweifeln?
- ◇ Gibt es Menschen in deinem Umfeld, die diese Selbstzweifel verstärken?

Maries Tipps

- ◇ Kommen dir Selbstzweifel, versetze dich in die Rolle einer guten Freundin. Schau durch ihre Brille auf die Situation: Was würdest du einer Freundin sagen, wenn sie so schlecht von sich reden würde, wie du von dir denkst?
- ◇ Bitte Personen in deinem Umfeld, die keine Narzissten sind, dir einmal zu erzählen, wie du auf sie wirkst: Was mögen sie besonders an dir? Welche Fähigkeiten schätzen sie? Warum sind sie gerne mit dir zusammen? – Lass deren Antworten doch einmal auf dich wirken.
- ◇ Überhöre Komplimente nicht und relativiere sie auch nicht. Wenn dir jemand etwas Positives über dich sagt, dann nimm es an und versuch es auch innerlich positiv wirken zu lassen.
- ◇ Lächele dich im Spiegel einfach selbst mal an.
- ◇ Sei dir ein guter Freund und nicht dein miesester Richter. Du kannst diesen Richter aus deinen Gedanken hinaustreiben: Male dir einmal das Bild von einem Richter aus, wie er dort sitzt und ein Urteil spricht, vielleicht ein Stellvertreter für deine Mutter oder deinen Vater. Wenn dir dann wieder einmal miese Gedanken über deine Unfähigkeit in den Sinn kommen, denke an dieses Richterbild, führe es dir wieder ganz lebensnah vor Augen – und dann

schick den Miesmacher gedanklich weg. Du kannst ihm auch deutlich sagen: »Hau jetzt ab!«

- Sei dein eigener Anwalt: Beweise dir, wenn du starke Selbstzweifel spürst, als dein Anwalt das Gegenteil. Das klappt gut, wenn du einmal aufschreibst, was du schon alles geschafft und erreicht hast. Ganz schön viel, oder?
- Lobe dich selbst, wenn du dir etwas zugetraut hast, vor dem du Angst hattest. Klopf dir selbst auf die Schulter und sag zu dir: »Das hast du richtig gut gemacht.«
- Viele Menschen ermutigen und motivieren sich durch Selbstgespräche, auch Spitzensportler tun dies zur Motivation. (Winkels, 2013) Selbstgespräche können dazu beitragen, dass du deine Gefühle besser einordnen, bessere Entscheidungen treffen sowie deine Konzentration, Leistungsfähigkeit und Motivation steigern kannst. Ungesund können solche Gespräche nur werden, wenn es zu viel wird oder wenn du beispielsweise Stimmen hörst. (Auch hier ist – wie immer – das Maß entscheidend.)
- Sieh dir deine Selbstzweifel genau an: Welche sind es? Benenne sie und notiere sie dir, lass sie also nicht im Nebulösen, denn aus einer klar identifizierten Unsicherheit kannst du eine Aufgabe für dich ableiten, um diese zu überwinden. Beginne mit dem einfachsten Punkt, beispielsweise »Angst, alleine etwas zu unternehmen«. Verabrede dich mit dir selbst, bereite dich vor. Und dann gehe alleine in ein Café und verbringe dort die Zeit, die du benötigst, um einen Milchkaffee zu bestellen und zu trinken, alleine.

Den eigenen Selbstwert stärken

Geringer Selbstwert ist das zweite große Einfallstor für Narzissten: Schließe auch dieses.

Je mehr du dir wert bist, umso weniger können dich Narzissten ab- und entwerten. Selbstwert ist enorm wichtig für das souveräne Verhalten im Allgemeinen, aber insbesondere auch gegenüber Narzissten. (Wirtz, 2020, S. 1607) Deshalb geht es nun detailliert um Selbstwert: Du wirst erfahren, was einen gesunden Selbstwert ausmacht, wie sich ein zu geringer Selbstwert zeigt und auswirkt und wie du einen gesunden Selbstwert aufbaust.

Wie Selbstwert entsteht

Der Selbstwert hängt mit dem Bild zusammen, das man von sich selbst hat. Ein positives Selbstbild, eine positive Einstellung gegenüber sich selbst führt zu einem gesunden Selbstwert. Der Selbstwert ist teilweise genetisch angelegt und wird teilweise durch Erfahrungen geprägt. (Wirtz, 2020)

Die ersten fünf bis sechs Lebensjahre wird ein positiver Selbstwert fast ausschließlich durch das Urvertrauen aufgebaut, das die Eltern ihrem Kind vermitteln. Kinder aus einem gesunden Elternhaus, die Selbstvertrauen mit auf den Lebensweg bekommen, können dann auch Misserfolge verkraften. Sind aber wiederholt Demütigungen und Verletzungen in der Kindheit geschehen, so können diese ebenso wie Kränkungen im weiteren Verlauf des Lebens zu einem Einbruch des Selbstwertgefühls führen. Auch unsensibles, übergriffiges und aufdringliches

Verhalten von Bezugspersonen kann dieselbe Wirkung haben. (Kernberg/Hartmann, 2015) Genauso verhalten sich leider narzisstische Eltern häufig gegenüber ihren Kindern.

Doch ein Mensch kann zu jedem Zeitpunkt seines Lebens lernen, seinen Selbstwert zu stärken.

Gesunder Selbstwert

Das gesunde Maß ist auch beim Selbstwert entscheidend: Ideal ist ein hoher, sicherer Selbstwert. Er beinhaltet eine stabile positive Bewertung des eigenen Selbst sowie eine ganzheitliche Selbstakzeptanz. Verantwortlichkeit, Ehrlichkeit, Stärke, Liebe und Wirklichkeitssinn sind Eigenschaften, die mit einem starken Selbstwert einhergehen. (Satir, 1996)

Es ist sehr wichtig für das Wohlbefinden, dass der Selbstwert im gesunden Bereich liegt. Psychische Gesundheit und auch persönlicher Erfolg stehen in engem Zusammenhang mit gesundem Selbstwert.

Je stärker der Selbstwert eines Menschen ist, umso leichter fällt es ihm, Mut zur Veränderung des eigenen Verhaltens aufzubringen und aufrechtzuerhalten. Das Potenzial, eigene Gewohnheiten, eigenes Verhalten und auch sich selbst zu verändern, ist entscheidend dafür, sich aus Verstrickungen mit Narzissten zu lösen (ausführlich dazu ab Seite 175).

Wer einen gesunden Selbstwert hat, wird sich eher trauen, Dinge und sich zu verändern und so die Verstrickung zu einem Narzissten zu lösen.

Wer sich selbst akzeptiert und wertschätzt, ist in der Lage, dies auch bei anderen zu tun. Menschen mit einem gesunden Selbstwert haben einen realistischen Bezug zur Wirklichkeit und können gut mit ihr umgehen. Ein gesundes Selbstwertgefühl ist eine wichtige Voraussetzung für Partnerschaften auf Augenhöhe und gleichberechtigtes, faires Zusammenleben mit anderen.

Wer zu viel Selbstwert hat, dem fällt es schwer, aufzugeben – selbst wenn die Kosten dafür, sich abzukämpfen, den Nutzen überschreiten. (Dorsch, Wirtz, 2020) Dies ist beispielsweise der Fall, wenn Menschen bis zum Exzess und trotz körperlicher Schäden Sport treiben, um ein gesetztes Ziel zu erreichen, oder wenn jemand pausenlos arbeitet, ohne auf die eigene Gesundheit zu achten.

Eine zu starke ausschließliche Fokussierung auf eigene Stärken kann die Bereitschaft zu persönlicher Weiterentwicklung reduzieren (Dorsch, Wirtz 2020), da keine Einsicht zum eigenen Handlungsbedarf in bestimmten Punkten besteht. So kann ein zu starker Selbstwert die Selbstentwicklung hemmen; auch das ist nicht förderlich für ein glückliches Leben.

Wie sich zu geringer Selbstwert zeigt

Menschen mit zu wenig Selbstwert tendieren zur Selbstkritik und sehen Ursachen für Misserfolge und Fehler in erster Linie bei sich selbst. Typische Gedanken sind: »Ich bin schuld«, »Ich bin ein Versager«. Es herrschen das tiefe Gefühl, wertlos zu sein und nicht zu zählen, sowie die starke Angst vor Zurückweisung beziehungsweise eine hohe Ablehnungsempfindlichkeit vor.

Diesen Menschen fehlt die Fähigkeit sich selbst und auch andere realistisch einzuschätzen. Zudem reagieren sie sehr unsicher auf Stimmungen. Menschen mit einem geringen Selbstwert sind empfindlich gegenüber Kränkungen, allerdings nicht in so extremer Ausprägung, wie es bei Narzissten oft der Fall ist. Sie haben große Ängste, nicht gemocht zu werden oder den Ansprüchen anderer nicht zu genügen. Ein typischer Gedanke ist: »Hoffentlich habe ich das letztens richtig gemacht und er mag mich jetzt noch.«

Das Kernproblem von Menschen mit geringem Selbstwert ist, dass sie kein Vertrauen in die eigenen Fähigkeiten haben. Ein Rückschlag zieht nicht Gedanken wie »Okay, beim nächsten

Mal klappt das besser« nach sich, sondern die betreffende Person stellt sofort das gesamte Leben infrage.

Menschen mit wenig Selbstwert und Selbstbewusstsein spüren selbst, dass sie unsicher sind. Sie wirken oft verbissen und sehr schüchtern; deshalb hält man sie manchmal für arrogant und abweisend.

»Andere sind einfach besser als ich«: Das Leben von Menschen mit wenig Selbstwert ist geprägt von häufigen Vergleichen mit anderen. Diese enden vor dem inneren Richter stets hart; das eigene Urteil ist vernichtend.

Weitere Merkmale von Menschen mit wenig Selbstwert sind:

- ◇ Angst vor Veränderungen: Wenn auf Menschen mit geringem Selbstwert eine neue Herausforderung zukommt, wissen sie nicht, wie sie damit umgehen können.
- ◇ Das Glas ist häufig eher halb leer als halb voll, und das auch, wenn es sichtbare Erfolge gibt.
- ◇ Das Leben ist für diese Menschen eher von Misserfolgen geprägt als von Erfolgen. Sie können spontan zehn Misserfolge aufzählen, aber keine drei Erfolge, obwohl dies objektiv nicht die Realität widerspiegelt.
- ◇ Probleme sind für Menschen mit zu wenig Selbstwert häufig gefühlte Katastrophen und keine Herausforderungen.
- ◇ Wer wenig Selbstwert hat, hat ständig Angst, sich für sich selbst stark zu machen und für sich einzustehen und beispielsweise in Gruppen die eigene Meinung zu vertreten.
- ◇ Menschen mit geringem Selbstwert haben Angst, in wichtigen Momenten zu versagen. Sie können beispielsweise vor dem ersten Treffen mit den künftigen Schwiegereltern wochenlang nicht schlafen, da sie fürchten, nicht genug zu sein oder zu versagen.
- ◇ Durch ständige Angst vor Gefahren und Aussetzern wird die Verwirklichung eigener Ziele gehemmt.

Das Grundgefühl von Menschen mit wenig Selbstwert ist: »Ich fühle mich oft total unfähig und bin nicht genug.«

Auswirkungen von zu wenig Selbstwert

Menschen mit geringem Selbstwert kennen sich selbst nicht in ihrer Ganzheit: Sie nehmen ihre Stärken nicht wahr, sondern vor allem ihre Schwächen. Es fehlt ihnen an der realistischen Einschätzung der eigenen Person. Deshalb »verkaufen« sich Menschen mit geringem Selbstwert häufig unter ihrem Wert: Gehaltsverhandlungen im Job führen zu Unterbezahlung, sie nehmen Jobs unter Wert an und deshalb geht es auf der Karriereleiter nicht weiter nach oben. Im Umkehrschluss bestätigt das Menschen mit geringem Selbstwert immer wieder in deren Grundannahme, dass sie nicht viel wert sind.

Geringer Selbstwert führt dazu, dass man sich immer wieder mit Narzissten umgibt.

Partner und Freunde wählen Menschen mit zu wenig Selbstwert unter dem eigenen Wert. Der Freundeskreis ist ausnutzend, der Partner intellektuell auf einer ganz anderen Ebene. Sie umgeben sich immer wieder mit ungesunden Menschen, wie Narzissten, die sie dafür benutzen, ihr narzisstisches Ego aufzublähen. Eine gesunde Auswahl hinsichtlich Freunden, Partnern, Kollegen zu treffen, indem sie unter anderem auch Grenzen ziehen, fällt Menschen mit geringem Selbstwert schwer, denn sie scheuen grundsätzlich Konflikte. Sie lassen sich ausnutzen und halten häufig als Mülleimer für Sorgen anderer her.

Selbstzweifel sind die ständigen Begleiter von Menschen mit geringem Selbstwert. Die psychische und auch körperliche Gesundheit kann erheblich leiden. Ein geringer Selbstwert kann zu Zwangs- und Angststörungen sowie zu Hoffnungslosigkeit bis hin zu depressiven Verstimmungen führen.

Das Wichtigste: Menschen mit zu wenig Selbstwert fehlt ein tiefes eigenes Glücksgefühl. Sie nutzen ihr Potenzial nicht und es wird nicht genutzt, da es für andere oft kaum erkennbar ist, sondern es liegt brach und das spüren Menschen mit einem geringen Selbstwert schmerzhaft.

Narzissten und ihr geringer Selbstwert

Narzissten können ihren geringen Selbstwert oft nicht bearbeiten, ihnen fehlen häufig die Möglichkeit der Reflexion sowie die Bereitschaft und die Fähigkeit, sich selbst zu hinterfragen. Denn das erfordert innere Stärke und Mut, die sie nicht aufbringen können, da es unerträglich für sie wäre, ihre scheinbar perfekte Fassade aufzugeben – nicht nur vor anderen Menschen, sondern auch vor sich selbst. Hinzu kommt der sogenannte Dunning-Kruger-Effekt.

Wissen: Dunning-Kruger-Effekt

Der Dunning-Kruger-Effekt wurde von den Psychologen David Dunning und Justin Kruger untersucht. Die Bezeichnung geht auf ihre Veröffentlichung zum Thema 1999 zurück. Er ist das Gegenteil vom bereits beschriebenen Impostor-Syndrom.

Als Dunning-Kruger-Effekt wird die Neigung von weniger kompetenten Menschen bezeichnet, das eigene Wissen und Können zu überschätzen und die überlegenen Fähigkeiten anderer nicht zu erkennen. Gleichzeitig erkennen sie das Ausmaß ihrer eigenen Inkompetenz nicht. Das Gute: Durch Bildung oder Übung ist das bessere Einschätzen erlernbar. (Campbell/Miller, 2011)

Narzissten stabilisieren sich beziehungsweise ihren Selbstwert über andere. Dies verursacht häufig Probleme in der Beziehung zu anderen. Ist dieses Verhalten durch einen extremen Narzissmus stark ausgeprägt, wird es schwer möglich sein, eine Beziehung auf Augenhöhe zu führen.

Narzissten nutzen die Chance, sich und ihr Handeln gesund zu hinterfragen und sich selbst weiterzuentwickeln, häufig auch deshalb nicht, weil aus ihrer Sicht immer die anderen schuld sind.

In Kürze: Den eigenen Selbstwert stärken

Der Selbstwert eines Menschen ist teilweise genetisch angelegt, teilweise durch Erfahrungen vor allem in der Kindheit geprägt. Er ist veränderbar: Jeder kann zu jeder Zeit seines Lebens seinen Selbstwert stärken.

Ein gesunder Selbstwert geht einher mit einer ganzheitlichen Selbstakzeptanz und positiver Bewertung des eigenen Selbst. Er ist grundlegend für die psychische Gesundheit und das allgemeine Wohlbefinden.

Menschen mit zu geringem Selbstwert sehen sich als vollkommen unfähig an und meinen, niemals genug zu sein und zu leisten. Ihnen fehlt ein tiefes eigenes Glücksgefühl und sie empfinden schmerzhaft, dass sie ihr eigenes Potenzial nicht nutzen. Es fällt ihnen schwer, Konflikte auszutragen und anderen Grenzen aufzuzeigen, und so verstricken sie sich oft in ungesunden oder sogar unheilvollen Beziehungen mit Narzissten.

Narzissten können ihren geringen Selbstwert häufig nicht konstruktiv bearbeiten, da ihnen die Möglichkeit der Reflexion und der Mut fehlen, sich selbst zu hinterfragen.

Reality-Check: Wie ist das bei mir?

- ◇ Wurde dir in deinem Elternhaus ein gesunder Selbstwert vermittelt? Erinnere dich an Situationen, in denen du wertgeschätzt wurdest. Erinnere dich auch an solche, in denen du nicht wertgeschätzt oder gar abgewertet wurdest.
- ◇ Bist du dir selbst in alltäglichen Dingen etwas wert? Gönnst du dir etwas – materiell? Und nimmst du dir auch Zeit nur für dich?
- ◇ Behandelst du dich selbst wertschätzend? Wie äußert sich das?
- ◇ Wertest du dich selbst gedanklich ab? In welchen Situationen?

Maries Tipps

- ◇ Selbstbestätigende Sätze wie »Ich bin okay« oder »Ich mache das gut« können dir als wertvolle Unterstützung dienen. Setze sie ein. Sei dir zugleich bewusst, dass sie nicht das grundlegende Problem beheben. Deswegen stelle dich auch unangenehmen Fragen, sie führen dich zu den Lösungen für dich: Schau dir an, was in deiner Kindheit passiert ist, versuche nach und nach zu erkennen und zu verstehen, was schiefgelaufen ist und welche Auswirkungen das auf dich hatte und hat. Schau dir auch die Beziehungen, die du heute hast, genau daraufhin an, ob es Beziehungen auf Augenhöhe sind. Dies sind erste wichtige Schritte, die nicht leicht sind und Zeit brauchen, aber sehr hilfreich sind.
- ◇ Werde dir klar darüber, dass du von deinen Eltern, wenn diese Narzissten sind, niemals Lob erhalten wirst. In den Augen narzisstischer Eltern wirst du nie gut und nie genug sein. Die Ursache dafür liegt aber bei ihnen, nicht bei dir.

- Lobe dich selbst im gesunden Maß, auch für Kleinigkeiten.
- Achte darauf, dir selbst Wertschätzung zu geben, wo immer es möglich ist.
- Arbeite dort, wo du und deine Arbeit anerkannt werden und nicht die Kultur »Nicht gemeckert ist genug gelobt« herrscht.
- Umgib dich gezielt mit Menschen, die wertschätzend sind, also einen gesunden Selbstwert haben und keine Spielchen spielen oder dich abwerten, um sich aufzuwerten.
- Sei lieb zu dir und nicht so streng mit dir selbst. Versuche dich immer mehr in deiner Gesamtheit mit allen Stärken und Schwächen anzunehmen. Zur Erinnerung: Sei dir selbst ein Freund und nicht dein strengster Richter.
- Gönn dir etwas, zeige dir selbst, dass du dir etwas wert bist: Warum kaufst du dir nach 15 Jahren nicht endlich einen neuen Fernseher? Du musst im Restaurant nicht immer das günstigste Gericht nehmen, leiste dir bei der Kosmetik doch einmal das Zusatzprogramm.
- Eigne dir nach und nach eine realistische Selbsteinschätzung an: Unterscheide, worin du kompetent bist und wo nicht. Beobachte, wie du auf andere wirkst. Versuche dich öfter selbst einzuschätzen. Hilfreich sind da auch Gespräche mit vertrauenswürdigen nicht narzisstischen Menschen: Frage sie, wie du wirkst und wie sie dich sehen. Wahrscheinlich wirst du positiv überrascht sein.

Ängste überwinden

Aufgrund verschiedener Ängste bleiben viele Betroffene in einer ungesunden Beziehung zu einem Narzissten. Du kannst dich Schritt für Schritt aus solchen Ängsten lösen.

Anspannung, Besorgtheit, Nervosität, innere Unruhe und Furcht vor Ereignissen in der Zukunft können Anzeichen von Angst sein. (Wirtz, 2020) Vielleicht hast du oft oder gelegentlich solche Empfindungen, denn Ängste spielen, wenn man tief in ungesunden Dynamiken mit narzisstischen Menschen gefangen ist und über keinen starken Selbstwert verfügt, eine entscheidende Rolle. Deshalb ist es wichtig, sich mit den Ängsten zu befassen, die besonders im Zusammenhang mit Narzissmus und Komplementärnarzissmus stehen: Das sind die Angst vor Veränderung und die Verlust- und Trennungsangst.

Angst vor Veränderung

Die persönliche Entwicklung steckt fest, wenn man nie, nur sehr zögerlich oder sehr selten und dann womöglich unüberlegt etwas in seinem Leben verändert, wenn das ewige Vielleicht zum Dauerzustand im Leben wird: »Vielleicht mache ich das morgen«, »Ich mache das irgendwann, vielleicht im Urlaub«.

Das unendliche Aufschieben von Veränderungen und Entscheidungen sowie das lange Abwarten sind für Menschen, die in einer schlechten oder aussichtslosen Lage sind, nicht gut und das spüren sie auch. Aber wieso ändern sie nichts? – Die Veränderungsangst, die große Sorge, dass das Leben noch viel schlechter wird, wenn sie das Wagnis eingehen, etwas zu verändern, kann sie davon abhalten. Deshalb halten Menschen, die unter einem extrem narzisstischen Partner leiden, häufig an ihm fest, obwohl er fremdgegangen ist und sich so abwertend verhält. Zu groß ist die Angst vor dem, was danach kommt.

Veränderungsangst kann alle Lebensbereiche betreffen. Man verharrt trotz vergiftetem Arbeitsklima in einem schlecht bezahlten Job aus Sorge, dass es noch schlimmer wird, wenn man den Arbeitgeber wechselt. Aus Angst, ausgeschlossen zu werden, verbringt man immer wieder ergeben qualvolle Abende mit der narzisstischen Familie, statt einfach einmal abzusagen oder den Herabwürdigungen etwas entgegenzuhalten.

Äußerliche Veränderungen nehmen Menschen mit Veränderungsangst ebenfalls selten vor: Sie tragen ihre Kleidung ewig, im Keller stapeln sich Kartons voller Kleidungsstücke der letzten Jahrzehnte. Man mag sie nicht wegwerfen und man weiß ja nie, ob man sie nicht doch eines Tages noch brauchen wird. Diese Menschen halten sich gerne am Alten und an Erinnerungen fest. Zudem fällt es ihnen schwer, sich etwas zu gönnen, weil selbst ein besonderer Einkauf ja eine Veränderung bedeuten würde: Man müsste sich dazu entschließen und dann auch noch entscheiden, was es sein soll.

Auch die Angst, einer neuen Situation oder Herausforderung nicht gewachsen zu sein, spielt bei der Veränderungsangst eine große Rolle. Deshalb probieren betroffene Menschen auch nichts unverfängliches Neues aus: keine neuen Sportarten oder Hobbys, kein neues Gericht im Restaurant. Das Leben steht still.

Auf deine Kosten

Hat man starke Veränderungsangst, pflegt man beispielsweise alte Freundschaften, die seit der Schulzeit bestehen. Als treue Freundin, als alter Kumpel steht man anderen stets zur Seite und hat immer ein offenes Ohr für sie. Obwohl die Freundschaften, wenn man genau hinsieht, nie ausgeglichen waren, hat man Angst, die langjährigen Freunde zu verlieren. Man verabschiedet sie nicht und man lässt keine neuen Menschen in sein Leben.

Erinnerst du dich noch an das Beispiel von Susanne? Sie kam absichtlich zu spät zum Geburtstagsessen ihrer Freundin (siehe Seite 20). Was meinst du: Wäre das Ende einer solchen Freundschaft ein großer Verlust für die Freundin?

Die Angst davor, nicht mehr beliebt und »Everybody's Darling« zu sein, wenn man sich verändert, führt dazu, dass man jedermanns Liebling ist – und auch bleibt. Es gibt kaum Konflikte mit anderen, man kommt mit jedem irgendwie klar. Der Preis dafür ist hoch: Ärger und Wut werden verdrängt, man richtet sich primär nach den Wünschen und Bedürfnissen anderer, um nicht anzuecken. Man lässt sich viel zu viel gefallen.

Die Gefahr, viele Narzissten um sich zu scharen, ist groß für Veränderungsscheue: Das Leben ist dann seicht und langweilig, deshalb haben extreme Narzissten ein leichtes Spiel, deren Leben zu entern. Sie bringen Schwung in die Eintönigkeit, der brachliegende Teil des Lebens wird getriggert. Man erkennt nicht, dass das Verhalten des Narzissten in ungesunde Dynamiken führt.

Durch die Angst vor Veränderung verharrt man in ungesunden Beziehungen, statt seine Träume und Wünsche zu leben. So können Jahre und Jahrzehnte ungenutzt an einem vorbeiziehen, wenn man die Zusammenhänge und Ursachen nicht wahrnimmt und gegensteuert.

Ursachen für Angst vor Veränderung

Mehrere oder auch einzelne schlechte Erfahrungen, wie beispielsweise starke Einsamkeit nach einem Umzug, können Veränderungsangst auslösen: Die betreffende Person leidet so sehr unter dieser Veränderung, dass sie um jeden Preis vermeiden will, dass ihr so etwas noch einmal widerfährt. Lieber schränkt sie ihr gesamtes Leben stark ein.

Es kann auch sein, dass man durch frühkindliche Erfahrungen nur Negatives mit Veränderungen verbindet. In einem extrem narzisstischen Elternhaus herrschen oft Drama und Chaos, weil narzisstische Verhaltensweisen dazu führen – und in der Wahrnehmung der Kinder alles zum Schlechteren verändern: Die narzisstischen Eltern geraten wegen unüberlegter Käufe in Finanznot. Drama, weil der Vater fremdgegangen ist, und die Mutter versinkt in einer tiefen Lebenskrise. Häufige Orts- und Wohnungswechsel. Durch solche Erfahrungen in der Kindheit und Jugend können Existenzängste und eine starke Sehnsucht nach Ruhe und Frieden entstehen. Tatsächlich »endlich Ruhe und Frieden« im Leben zu haben kann phasenweise ein heilsamer Zustand sein. Er kann aber auf Dauer zu Lähmung und Stillstand führen, weil man auch eigene Veränderungen vermeidet und nicht mehr in Gang setzt. Denn es fühlt sich sicher und friedlich an, man hat vermeintlich alles im Griff und wenn alles seicht läuft, kann einem nicht viel passieren.

Die Sehnsucht nach »endlich Ruhe und Frieden« kann Angst vor Veränderung begründen.

Ängstliche und hemmende Menschen im Umfeld, die ebenfalls Argumente gegen Veränderungen und lebendige Entscheidungen anführen, können das Problem zusätzlich verstärken: »Überleg mal, was alles passieren kann, wenn du das machst.« Wenn du solche blockierenden Gedanken vielleicht gerade selbst einmal überwunden hast und kurz davor bist, etwas zu ändern, spricht womöglich der Freund, dem du von deinen neuen Plänen erzählst, den bremsenden Satz aus. Besonders Narzissten mögen nicht, wenn das Gegenüber eigene Veränderungen vornimmt, die nicht um sie kreisen und die sie sich nicht gewünscht haben.

Doch du kannst deine Veränderungsangst abbauen; siehe dazu meine Tipps am Ende dieses Kapitels.

Verlust- und Trennungsangst

Es ist ein ganz normaler Bestandteil der frühkindlichen Entwicklung, insbesondere in den ersten Lebensjahren, dass Kinder Angst davor haben, von ihren Eltern beziehungsweise engsten Bezugspersonen getrennt zu werden. Doch diese Angst endet in der Regel im Alter von etwa zwei Jahren, wenn die Kinder immer wieder erfahren und es verinnerlicht haben, dass Mama und Papa wiederkommen. Falls ein Kind diese Erfahrung nicht macht und die Eltern sich unberechenbar verhalten, sodass das Kind keine Sicherheit fühlt, kann es zu einer Störung in dieser Entwicklungsstufe kommen.

Trennungsangststörungen können ebenso entstehen, wenn Eltern, wie häufig Narzissten, ihren Kindern keine bedingungslose Liebe geben. Dann haben Kinder oft das Gefühl, dass ihnen die elterliche Liebe jederzeit entzogen werden kann – auch ohne eigenes Fehlverhalten, etwa wenn die Eltern launisch sind. Diese und weitere Erfahrungen der Instabilität wie häusliche Dramen, Chaos, emotionale und körperliche Unsicherheit, aber auch Überbehütung können spätere Verlust- und Trennungsängste fördern. (Psychology Today, 2019)

Drohungen der Eltern wie »Ich schmeiße dich raus« können ebenfalls zu Verlustängsten führen, auch wenn beziehungsweise gerade weil ein Kind nicht wissen kann, ob das wirklich passieren kann. Wenn narzisstische Eltern regelmäßig vergessen, ihre Kinder an einem bestimmten Ort abzuholen, prägen sie dadurch auch Trennungs- und Verlustängste.

Die Angst, verlassen zu werden, kann den Betroffenen ein ganzes Leben lang begleiten und das soziale und berufliche Leben langfristig negativ beeinflussen.

Bei Erwachsenen kann sich die Trennungsangst in übermäßigem Stress zeigen, wenn man von seinem Partner getrennt ist, sogar dann, wenn die Zeit der Trennung klar definiert und absehbar ist. Menschen mit Trennungs- und Verlustangst sorgen sich auch oft übermäßig, dass ein unerwartetes Ereignis eintreten könnte, das zur Trennung von oder zum Verlust von Menschen aus dem eigenen Umfeld führen würde.

Häufig spielt dabei auch eine lebhafte Fantasie eine Rolle. Beim Anruf einer unbekannten Nummer entsteht bei einem Ängstlichen sofort die Befürchtung, dass eine Katastrophe passiert sein muss: Ist der Partner etwa im Krankenhaus, waren die Kopfschmerzen gestern Abend etwa die Vorboten eines Herzinfarkts? Dabei ist alles ganz harmlos: Eine Freundin ruft vom Handy ihres Freundes an, weil ihr Akku leer ist.

Es können sogar körperliche Symptome auftreten, wenn man Angst hat, von jemand getrennt zu werden, oder fürchtet, jederzeit vom Partner verlassen werden zu können. Trennungsangst zeigt sich auch in der übersteigerten Sorge, dass eine Meinungsverschiedenheit zum totalen Bruch führen könnte.

Folgen von Verlust- und Trennungsängsten

Hinsichtlich Narzissmus ist die gravierende Folge eine schlechte Wahl bei Freunden, Kollegen, Partnern: Man wünscht sich Menschen, die besonders zuverlässig sind, wählt jedoch, wenn man sich im Wiederholungszwang befindet, unbewusst einen narzisstischen Partner, der genauso unzuverlässig ist wie die Verursacher des Problems, der Vater und/oder die Mutter. Man akzeptiert das schlechte Verhalten des narzisstischen Partners, da man es von früher gewohnt ist. Deshalb und aus Angst vor einer Trennung und vor dem Verlust entschuldigt man das Verhalten und lässt immer stärkere Grenzüberschreitungen, die abermals die Verlustangst triggern, zu und wird immer unglücklicher.

Für Narzissten sind Menschen mit Verlustangst attraktiv: Bemerken sie, dass das Gegenüber Verlustängste hat, unterstützen sie den anderen nicht, damit er sich sicher und geborgen fühlt. Im Gegenteil: Sie triggern und verstärken die Ängste mit

Aussagen wie »Wer weiß, was noch kommt« oder »Es kann so viel Unvorhergesehenes passieren, nichts ist sicher«. Oder sie kommen nachts später als angekündigt nach Hause und sind für den sich ängstigenden Partner nicht erreichbar. Damit festigen sie ihre Kontrolle über die Beziehung und stabilisieren so ihren geringen Selbstwert. Ein gesunder Partner würde versuchen, das Gegenüber zu beruhigen, und sich besonders einfühlsam hinsichtlich Zuverlässigkeit verhalten.

In Kürze: Ängste überwinden

Veränderungs- sowie Verlust- und Trennungsangst werden häufig in der Kindheit durch narzisstische Eltern geprägt. Durch den Wiederholungszwang geschieht es nicht selten, dass Menschen mit diesen Ängsten wieder an Narzissten geraten, die diese Ängste gezielt triggern und verstärken, um ihre Kontrolle über die Person zu festigen und den eigenen Selbstwert so zu stabilisieren.

Die Angst vor Veränderung kann zu vollkommenem Stillstand in der persönlichen Entwicklung führen und es extrem erschweren, sich aus einer Beziehung zu einem Narzissten zu lösen. Verlust- und Trennungsängste haben oft zur Folge, dass Betroffene Grenzüberschreitungen nichts entgegensetzen und Konflikte meiden und in unguten Beziehungen tatenlos verharren. Doch wie solche Ängste allmählich entstanden, so ist es auch möglich, sich nach und nach davon zu befreien.

Reality-Check: Wie ist das bei mir?

- Steht dein Leben schon länger still?
- Wo liegen die Ursachen für den Stillstand?
- Was würdest du gerne verändern?
- Was könnte eine erste Veränderung sein?
- Hast du oft Angst vor Verlusten?
- Wie äußert sich diese Angst?
- Wie realistisch ist diese Angst?
- Wie zuverlässig ist dein Umfeld?
- Kannst du mit Menschen in deinem Umfeld über deine Ängste sprechen? Verstehen sie dich?
- Gehen dir nahestehende Personen sensibel mit deinen Ängsten um oder verstärken sie diese eher?

Maries Tipps

- Betrachte künftig neben Risiken stets auch die Chancen einer Entscheidung oder Handlung. Schau dir neben dem Worst-Case-Szenario auch das Best-Case-Szenario genau an. Wenn du das gemacht hast, dann geh davon aus, dass der Mittelweg eintreffen wird. Das sind meist keine schlechten Aussichten.
- Stoppe das Angstkarussell: Besinne dich auf die Betrachtung des Worst-Case- und Best-Case-Szenarios.
- Überlege, welche Veränderungen in deinem Leben auch schon Gutes bewirkt haben.
- Finde heraus, was du selbst im Leben magst und möchtest, wie und wo du leben willst.
- Rede mit nicht narzisstischen Menschen, die es gut mit dir meinen, offen über deine Ängste.
- Betrachte deine Ängste und deine Sorgen von Zeit zu Zeit und gleiche sie mit der Realität ab: Hat die Person, deren

Verlust du fürchtest, sich dir jemals entzogen oder dir einen Anlass zu der Sorge gegeben?

- ◇ Gesunde Menschen verschwinden nicht einfach: Mache dir das klar. Eine enge Beziehung zu beenden ist ein längerer Weg, bei dem es viele Gespräche gibt.
- ◇ Lass dich auf die Vorstellung, verlassen zu werden, einmal ein, spiele die Szene gedanklich durch, inklusive des Endes und des Danachs. Du wirst durch das Gedankenspiel erfahren, dass es immer einen Ausweg geben wird.
- ◇ Erforsche die Ursachen deiner Angst: Wo kommt sie her? Hat der Vater plötzlich die Familie verlassen? Haben die Eltern häufig gedroht, etwas zu ändern? Waren sie häufig unzuverlässig? Hattest du schon als Kind, Jugendlicher und junger Erwachsener die Rolle deiner Eltern und hast versucht, die Familie zu managen?
- ◇ Früher ist nicht heute! Deine jetzigen Freunde und dein Partner sind nicht deine unzuverlässigen Eltern und du bist kein abhängiges Kind mehr.
- ◇ Frage bei Aussagen, die dich beunruhigen, gezielt nach: »Wie hast du das gerade gemeint?« Bei gesunden Menschen solltest du die Antwort dann akzeptieren.
- ◇ Bitte Menschen in deinem engen Umfeld, auf extrem verunsichernde Aussagen zukünftig zu verzichten.

Maries Coaching: Mut zu Veränderung und eigener Stärke

Meine Strategien für Veränderung und Stärkung für Konfliktsituationen mit Narzissten mögen dich ermutigen loszugehen.

Wir kennen die Maschen der Narzissten, wir verstehen auch die Dynamiken, die uns in deren Bann ziehen und dazu führen, dass wir uns ärgern, verunsichern und sogar abwertend behandeln lassen und keine Grenzen ziehen. Es ist uns auch bewusst, dass wir möglicherweise aufgrund von Selbstzweifeln und vielleicht einem geringen Selbstwert sowie verschiedenen Ängsten in ungesunden Beziehungen zu Narzissten feststecken. Also kann es jetzt doch losgehen mit der Veränderung, oder?

Der Weg der Veränderung ist nicht leicht, doch er ist deine Chance!

Wenn das nur so leicht wäre! Leider gilt »Gefahr erkannt, Gefahr gebannt« zwar für viele Bereiche, nicht aber, wenn es um enge oder sogar Liebesbeziehungen geht und unser Herz betrifft. Dann ist es nicht einfach, einen Weg aus den Verstrickungen zu finden.

Deswegen zeige ich dir nun Strategien und Optionen auf, die dich darin unterstützen, neue Wege zu wagen und immer weiterzugehen – auch wenn es dir bestimmt manchmal sehr schwerfällt. Ich habe dir für deinen Weg der Veränderung und hin zum souveränen Umgang mit Narzissten die wichtigsten Hinweise, Impulse, Übungen und Tipps aus meiner jahrelangen Erfahrung in der Beratung und dem Coaching zusammengestellt.

Maries Coaching für neue Wege

Geh schrittweise vor

Bei tiefer Verstrickung in narzisstischen Dynamiken rate ich dir dringend, dass du dir die einzelnen Lebensbereiche schrittweise vornimmst. Wenn man stark in einer narzisstischen Beziehung verfangen ist, kann ein Thema schnell sehr groß werden, sich zu einer Welle auftürmen, die einen droht zu erschlagen. Geh langsam vor!

Ich vergleiche den Prozess immer mit dem Durchwischen einer Wohnung: Effektiv ist es, sich die Räume nacheinander vorzunehmen, statt in jeden Raum erst einmal Wasser zu gießen. Mit welchem Raum du beginnst, das liegt ganz bei dir. Viele wählen zuerst das emotional am einfachsten zu bewältigende Thema: der Job, dann vielleicht die Freunde, dann die Familie und schließlich der Bereich Liebe. Es kann aber auch sein, dass erst ein Ereignis dich dazu führt, dass du dich mit einem Themenbereich auseinandersetzen willst oder sogar musst.

Übrigens ist es vielleicht gar nicht notwendig, dass du – um im Bild zu bleiben – jedes Zimmer deiner Wohnung wischen musst: Nicht immer liegen in jedem Lebensbereich ungesunde Dynamiken vor. Es ist durchaus möglich, trotz narzisstischer Eltern einen liebevollen Partner zu haben.

Erkenntnis ist ein erster wertvoller Schritt in die richtige Richtung

Die Erkenntnis, eine narzisstische Familie, narzisstische Elternteile, Geschwister, Freunde, Arbeitgeber und Kollegen zu haben, kann schockierend sein. Man kann es nicht fassen, wie Menschen sich einem selbst gegenüber verhalten haben und noch verhalten, und beginnt sofort, die Strukturen und das Geschehen in der Vergangenheit zu hinterfragen. Natürlich drängt sich auch die Frage auf, warum man das so lange mitgemacht hat.

Es ist ein sehr großer Schritt, schon einmal zu erkennen

und den Gedanken überhaupt zuzulassen, dass in der eigenen Kindheit und im weiteren Verlauf des Lebens einiges nicht gut war. Diese Erkenntnis läuft dem zuwider, dass wir an sich Familie und Freunde nicht hinterfragen. Schenk dir also selbst eine große Portion Anerkennung dafür, dass du diesen ersten Schritt gemacht hast.

Handele nicht vorschnell

Im ersten Moment stellen sich viele Betroffene die Frage, ob sie nun zu dem extremen Narzissten den Kontakt ganz abbrechen sollen. Dies scheint erst einmal der einzige Weg zu sein, doch schnell wird klar, dass das nicht in jedem Fall funktioniert, da wir alle glücklicherweise nicht auf einer einsamen Insel leben. Und ein Kontaktabbruch zu der einen narzisstischen Person schützt ja auch nicht davor, sofort wieder an einen Narzissten zu geraten. Deswegen ist es so wichtig, sich selbst zu stärken und eine klare Haltung beziehungsweise einen souveränen Umgang mit Narzissten auf Augenhöhe zu entwickeln.

Hinsichtlich Narzissten in der Familie gibt es ebenfalls nicht die eine richtige Antwort auf die Frage, ob man den Kontakt abbrechen soll. Geh dabei nach deinem Empfinden und Erleben, finde heraus, was dir selbst guttut und deinem glücklichen Leben förderlich ist. Das kann ein vollständiger Kontaktabbruch sein oder ein reduzierter Kontakt. Wie du es entscheidest, so ist es in Ordnung – auch wenn dein Umfeld das vielleicht schwer versteht, muss es diese Entscheidung akzeptieren.

Lass Schmerz zu

Es ist schmerzhaft, die Realität zu erkennen. Die Wahrheit, dass die Kindheit nicht so positiv war, wie man es sich von klein auf einredete, um zu überleben, kann qualvoll sein. Vieles wird nun ganz neu durchdacht, was man erlebt, gehört hat, was andere gesagt und getan haben, auch wie man selbst sich gefühlt hat. Das Gefühl, dass einem als Kind etwas gefehlt hat, wird wieder wach, es wird deutlich, wie nahestehende Menschen einen ausgenutzt haben, und das tut weh. Aber es ist wichtig, dass du diesen Schmerz spürst und traurig darüber bist, dass du deine Kindheit gewissermaßen verpasst hast, denn Kindheit ist einmalig und nicht nachzuholen. Deine Trauer braucht Raum und Zeit.

Ebenso ist es, wenn du der Wahrheit über eine Freundschaft oder Liebesbeziehung oder Kollegen ins Auge schaust. Die Enttäuschung schmerzt und die Trauer kann überwältigend sein. Doch wenn du dich darauf einlässt, kann daraus ein Weg zur Heilung führen.

Gib dir Zeit

Vom Erkennen der Probleme und Dynamiken bis zur eigenen Klärung und mitunter auch Gesprächen mit dem Umfeld und bis zur Heilung der Wunden kann viel Zeit vergehen. Wesentliches im eigenen Leben, an das man Jahre oder Jahrzehnte geglaubt hat, wird nun vielleicht umfassend infrage gestellt. Man verabschiedet oder distanziert sich von Menschen, man probiert neue Wege aus. Das dauert seine Zeit: Monate, aber eher Jahre, und das ist in Ordnung. Nimm dir diese Zeit, stell dich darauf ein, dass der Heilungsprozess lange dauern kann. Es ist eher eine lange aufregende Rucksackreise als ein Wochenend-Kurztrip.

Menschen sind keine Monster

Wer die ungesunden Dynamiken durchschaut hat, denkt über die narzisstischen Personen womöglich: »Das sind keine Menschen, das sind Monster, die mir so etwas angetan haben!« Solche Reaktionen sind verständlich. Doch es ist wichtig für alle Betroffenen, es irgendwann zu akzeptieren, dass es Menschen sind, die einem etwas antun konnten und dass man als Kind und vielleicht auch später in einer emotionalen Abhängigkeit von Menschen gewesen ist. Denn darin liegt dein Ansatzpunkt für Veränderung: Du kannst in deiner Wahrnehmung aus dem furchteinflößenden Monster einen Menschen machen, der es nicht gut mit dir meint. So eine Sicht kann dir viel Angst nehmen und dich auch aus der Lähmung herausbringen, die durch die Angst vor dem Monster entstehen kann.

Sei nachsichtig und lieb mit dir selbst

Sei nicht streng mit dir, mache dir keine Selbstvorwürfe: »Warum habe ich es nicht früher gemerkt?« – »Ich muss mich jetzt zusammenreißen und nach vorne schauen.« – »Vielleicht bin ich auch zu empfindlich. Was jammere ich, anderen geht es noch schlechter.«

Höre auf damit, dir solche Sätze zu sagen und so unnachsichtig zu sein, strenger, als jeder Richter mit dir wäre. Diese negativen Gedanken können wieder in eine negative Schleife von Selbstzweifel, Verunsicherung und zurück in die Abhängigkeit von Narzissten führen.

Sei stattdessen lieb zu dir selbst, tue Dinge, die dir guttun. Beginne jetzt mit ersten Veränderungen, unternimm schöne Aktivitäten und fang an, dein Leben zu genießen.

Ziehe behutsam erste Grenzen

Narzissten überschreiten häufig die Grenzen ihres Gegenübers. War man Jahre oder sogar Jahrzehnte abhängig von einem Narzissten und gefangen in dem Zusammenspiel und hofft man mitunter noch immer auf die Liebe der Eltern oder die liebe Behandlung der Freunde, dann ist es sehr schwer, diesen Grenzen aufzuzeigen. Beginne ganz behutsam damit, ziehe allmählich hier und dort erste Grenzen. Mache es dir bewusst, wenn du erfolgreich dabei warst und eine Grenzüberschreitung nicht zugelassen hast. Lobe dich dafür, sei stolz auf dich und setze die nächste kleine Grenze …

Nicht jeder wird begeistert sein

Die Narzissten in deinem Umfeld werden von deiner Stärkung und von deinen Änderungen in deinem Verhalten und Leben nicht begeistert sein. Für sie war deine Rolle bequem und sie haben davon profitiert. Nicht selten versuchen Narzissten dann mit allen Mitteln, die Aufbrechenden wieder zurück auf ihren Platz zu bewegen. Sie machen ihnen Angst mit Sätzen wie:

- »Kannst du damit leben, deine Eltern so zu behandeln? Sie sind schon alt!«
- »Jahrelange Freundschaften schmeißt man nicht so einfach weg!«
- »Sie werden kein Bein mehr auf den Boden bekommen!«

Narzissten schalten dabei immer noch einen Gang höher, um eine »Rückänderung« zu erreichen. Und sie kennen das Gegenüber gut, wissen, wie es zu verunsichern ist.

Versuche dann, dich nicht wieder einschüchtern zu lassen, sondern deinen eigenen neuen Weg dennoch weiterzuverfolgen und weiterhin Grenzen zu setzen. Dann merken Narzissten, dass sie nicht weiterkommen. Häufig erfolgt dann ein Rückzug. Auch offenen Narzissten, die sich in solche offensive Auseinandersetzungen begeben, kannst du zeigen, dass es so nicht weiter geht.

Schaue nach Verbündeten, die dich unterstützen
Gibt es jemand, der trotz der vielen Veränderungen, die du nach und nach in deinem Leben vornimmst, deinen mühsamen Weg mit dir geht? Vielleicht ist es eine Freundin, die in dieser Situation an der Seite stehen kann und will? Gibt es einen Verbündeten, dem du von deinen Anstrengungen und Erfolgen, von deinen Schmerzen und Freuden, auch von möglichen Rückschlägen erzählen kannst? Vielleicht findest du eine Person, der du dich anvertrauen kannst und die dir den Rücken stärkt.

Allerdings ist Vorsicht geboten, dass dieser Support nicht von einem Menschen kommt, der das Verhalten deiner Eltern widerspiegelt (Stichwort »Wiederholungszwang«, siehe ab Seite 132). Bei traumatisierenden Erlebnissen besteht die Gefahr, dass man sich aufgrund manifestierter Dynamiken wieder in die ungesunden und bekannten Muster der Familie begibt, das ist wissenschaftlich belegt. (von der Kolk, 1989)

Du kannst dich mit deinen Fragen auch immer gerne bei mir melden.

Lasse dich nicht beirren

Es wird immer wieder Menschen geben, die das Verhalten von Narzissten in deinem Umfeld relativieren. »Ach, so schlimm war es doch nicht, versuch doch noch einmal mit ihnen zu reden.« Zeige auch diesen Abwieglern unmissverständlich, dass sie mit solchem Reden eine Grenze bei dir überschreiten: »Du kannst nicht beurteilen, ob etwas schlimm für mich war oder ist.« Wirkliche Freunde akzeptieren deine Entscheidungen und dass du einen neuen Weg einschlägst. Sie werden mitunter auch eine andere Meinung haben als du und dir diese mitteilen, aber sie werden dich grundsätzlich in deiner Entwicklung unterstützen.

Jeder geht seinen Weg

Mache dir immer wieder bewusst: Es gibt nicht den einen Weg für den Umgang mit narzisstischen Eltern, Großeltern, Partnern, Geschwistern, Chefs, Freunden, Kollegen … Jeder muss für sich herausfinden, wie er am besten seine Geschichte aufarbeitet und wie er den Umgang oder Nichtumgang mit Narzissten in seinem Umfeld gestaltet. Es ist immer ein individuelles Ausloten der Möglichkeiten – und deren Bandbreite ist sehr groß. Probiere Schritt für Schritt aus, was für dich gut ist.

Hilfreich ist es, sich für Vorhaben oder Verhaltensweisen, für die man sich entschieden hat, die umzusetzen einem aber noch schwerfallen, selbst Richtlinien zur Orientierung zu geben. Beispielsweise könntest du, wenn du den Kontakt zu deinen Eltern nicht abbrechen, aber deutlich einschränken möchtest, dafür ein Zeitkonto einrichten: »X Tage oder Stunden im Jahr möchte ich mit Mama und Papa verbringen.« Wann und wie es zu einem

Treffen kommt, entscheidest du jeweils. Überprüfe, wie die Zeitreduzierung auf dich wirkt, und justiere nach, so wie es dir guttut. Lass dich aber von deinen Eltern nicht von deinem Vorhaben abbringen. Freue dich über große und auch kleine Erfolge bei den Veränderungen. Wenn es nicht gleich auf Anhieb perfekt klappt, ist das nicht schlimm; sei auch da freundlich mit dir.

Maries Coaching für Konfliktsituationen mit Narzissten

Emotionale Abhängigkeiten, die beschriebenen Verlustängste und die Angst vor »Liebesentzug« sowie Angst vor den Reaktionen von Narzissten wie Schweigen oder Schreien können dich lange und immer wieder davon abhalten, klare Grenzen zu ziehen und deutlich dein »Bis hierher und nicht weiter« auszusprechen. Du übernimmst vielleicht aufgrund eines komplementären Zusammenspiels mit der narzisstischen Person automatisch Verantwortung für Konflikte und deren Verlauf. Zu selbstkritisch ziehst du nach einem Streit Bilanz und kommst selbst zu der Überzeugung, dass wieder alles deine Schuld war. Du reagierst nicht authentisch, äußerst deine Wünsche und Bedürfnisse nicht und entfernst dich so von dir selbst. Du schluckst Wut und Ärger hinunter, bist das Fass überläuft. Aber wohin mit den überbordenden Gefühlen? Vielleicht bekommen andere, die es gut mit dir meinen, deine Wutanfälle ab. Vielleicht richtest du sie gegen dich selbst und du wirst traurig oder sogar depressiv. Der Preis dafür, immer wieder die eigene Wut, den Ärger und die Enttäuschung zu unterdrücken, weil du Konflikte scheust, ist hoch und allein du zahlst ihn.

Deswegen ist es wichtig, dass du deine Haltung gegenüber Narzissten in Konflikten stärkst. Leg deine Angst davor Schritt für Schritt ab. Die folgenden Hinweise, Impulse und Tipps aus meiner Coachingpraxis mögen dich dabei unterstützen.

Rechne nicht mit Einsicht

Gespräche mit Narzissten, in denen du sie mit ihren ungesunden Verhaltensweisen konfrontierst, können überaus ernüchternd sein. Nicht selten verleugnen narzisstische Eltern es, wenn man ihnen ihr Verhalten gegenüber einem selbst in der Kindheit vor Augen führt. Sie wiegeln deinen Versuch, darüber mit ihnen zu sprechen, vielleicht mit Sätzen wie »Dann mach du es doch besser bei deinen Kindern« ab. Geschwister brechen nach solchen Klärungsversuchen den Kontakt ab und Freunde ziehen sich zurück. Ein Kollege verdreht in seiner langen Antwortrede auf haarsträubende Weise die Tatsachen. Es ist wahrscheinlich, dass extreme Narzissten jegliche Verantwortung für ihr Handeln ablehnen oder sogar stolz darauf sind, narzisstisch zu sein. Einsicht und Verständnis werden sie wahrscheinlich nicht zeigen.

Trotzdem solltest du diese Gespräche führen und dich nicht davon abbringen lassen, wenn sie für deine Klarheit wichtig sind und wenn du das Bedürfnis hast, diese Klarheit herzustellen und die Dinge auszusprechen. Denn auch solche abwehrenden Reaktionen bringen dich weiter auf deinem Weg.

Begib dich auf Augenhöhe

Deine Rolle als eine Person, die unter einem Narzissten leidet, kann eine schon in der Kindheit oder als Erwachsene lange angenommene und also gewohnte Rolle sein. Früher warst du ein abhängiges Kind – aber heute bist du es nicht mehr. Entwachse dieser Haltung, begib dich nach und nach mit Narzissten in deinem Umfeld auf Augenhöhe. Das kann dir gelingen, wenn du deinen Selbstwert stärkst (siehe ab Seite 157).

Langfristig kontraproduktiv wird es sein, wenn du eine Opferhaltung einnimmst oder beibehältst. Damit möchte ich nicht verharmlosen, was du möglicherweise erleben musstest. Eine Person in einer Opferhaltung bleibt jedoch passiv und deinen Weg aus ungesunden Beziehungen kann nicht jemand für dich, sondern kannst du nur aktiv selbst einschlagen.

Du kannst viel gewinnen

Um dir Mut zu machen und deine Ängste vor dem Ausgang eines Konflikts zu mindern, helfen dir vielleicht diese Überlegungen: Wenn ein Streit zu einem Bruch der Beziehung führt, dann ist das schade. Es ist jedoch fraglich, wie stark die Bindung dann überhaupt gewesen ist. Wie nah möchte man einem Menschen sein, der wegen eines Konflikts so unangemessen reagiert? Deine Situation wird zudem nicht besser, wenn du weiterhin gar nichts sagst und jeden Konflikt scheust; die Grenzüberschreitung von Narzissten wird tendenziell nur noch schlimmer werden. Nur wenn du es schaffst, zunächst hin und wieder und nach und nach immer häufiger und selbstbewusster deine Anliegen und Bedürfnisse zu äußern und durchzusetzen, bringst du Änderung in Gang. Es kann nur eine Veränderung zum Besseren werden: Die Narzissten lernen deine Grenzen kennen, du machst deinem Ärger und deiner Wut an der richtigen Stelle Luft und richtest deine Gefühle nicht gegen dich selbst. Obwohl es mit Narzissten auch dann oft keine Lösung und viele offene Fragen geben wird, bist du einen Schritt weiter, da du selbst zu dir und deinen Bedürfnissen und Gefühlen stehst.

Kommuniziere eindeutig

Benenne Dinge klar und thematisiere Abwertungen sofort: »Wie hast du das gerade gemeint, bitte erläutere mir das mal.«

Sende klare Ich-Botschaften, sprich also von dir und nicht von »man« oder »du«, wenn es um dich und deine Sicht der Dinge geht: »Ich sehe das so …« statt »Man sollte das so sehen …« oder »Du solltest das so sehen …«. So bist du mit deinen Aussagen eindeutig bei dir und dem, was du ausdrücken möchtest.

Humor kann helfen

Bringt der Narzisst ein absurdes Argument vor oder wechselt er abrupt das Thema, ist es auch vollkommen in Ordnung, das mit Humor zu beantworten.

Stoppstrategie bei Überrumpelung

Lass dich nicht zu Entscheidungen drängen, auch nicht »um des lieben Friedens willen« in Konfliktsituationen. Die wenigsten Dinge müssen sofort entschieden werden. Sei auch hier eindeutig: »Ich treffe dazu jetzt keine Entscheidung, ich möchte gerne eine Nacht darüber schlafen.«

Entziehe dich peinlichen Situationen

Narzissten bringen das Umfeld auch gerne in beschämende Situationen. Beispielsweise provozieren sie Streite in der Öffentlichkeit. Lass dich nicht da hineinziehen, mache stattdessen sofort deine Haltung klar: »Bist du dir sicher, dass du jetzt diese Diskussion mitten auf dem Markt und vor den Kindern beginnen möchtest? Ich mache da nicht mit.«

Es liegt übrigens immer bei dir: Du entscheidest selbst, wann du einen Konflikt besprechen möchtest. Wenn der Zeitpunkt für dich nicht passend ist, dann ist das in Ordnung.

Lass dich nicht herabwürdigen

Konstruktive Kritik im gesunden Maß ist wunderbar. Aber achte darauf, wer dich kritisiert und wie häufig und ob es wirklich für dich wertvolle und wertschätzende Kritik ist. Kritisiert der Partner nur an dir herum, dann solltest du ihm das sofort zurückspiegeln und es beenden. Beobachte auch, wie er umgekehrt auf wertschätzendes kritisches Feedback reagiert.

Verweise auf Verbündete oder eine höhere Instanz

Ist keine Lösung in Sicht, kann es auch hilfreich sein, die Auseinandersetzung auf eine höhere Ebene zu verlagern: die Eigentümerversammlung, der Vermieter etc. Scheue im Job auch nicht davor zurück, nötigenfalls das Thema mit dem nächsthöheren Vorgesetzten zu besprechen. Im privaten Bereich kannst du auch dir wohlgesonnene Menschen einbeziehen – sei es in deine Argumentation oder indem du sie um Rat fragst.

Lasse dir nicht immer wieder alte Themen »auftischen«
Wenn dein Gegenüber im Konflikt immer alte Themen, die bereits abgeschlossen sind, anspricht, lass dich davon nicht ablenken, sondern beziehe ganz klar Position: »Das haben wir bereits besprochen und ist jetzt nicht das Thema.«

Lasse dir ebenso keine unterschwelligen Stimmungen unterschieben. Konzentriere dich ganz auf das, was gesagt wird, interpretiere nichts hinein.

Maries Herzenstipps

Mir liegt besonders am Herzen, dass du gut für dich sorgst. Nimm deshalb bitte die folgenden Tipps als stetige Begleiter mit auf deinen Weg.

Lerne deine Gefühle neu kennen
Gefühle wie Wut, Trauer, Enttäuschung und wirkliche Nähe kommen dir vielleicht neu vor, weil du sie lange verdrängt und unterdrückt hast. Lerne sie und den Umgang mit ihnen nach und nach kennen: Lasse sie bewusst zu, spüre sie und akzeptiere, dass sie zu dir gehören und sie in Ordnung sind.

Konzentriere dich auf dich
Was willst du, was sind deine Wünsche und Ziele? Verwende die Zeit, in der du dich sonst um Narzissten gekümmert hast, für dich und kümmere dich um dich und deine Bedürfnisse.

Lerne zu entspannen und dein Leben zu genießen
Versuche, dir in diesen Zeiten der Veränderungen und des Umbruchs einen Ausgleich zu schaffen: Lerne zu entspannen und beginne beispielsweise mit autogenem Training. Probiere neue Dinge aus, reise. Finde heraus, was du magst, was du willst. Fange an, dich selbst zu entdecken beziehungsweise neu zu entdecken.

Würdige deine Fortschritte

Befindest du dich sehr tief in Dynamiken und emotionalen Abhängigkeit, ist es ein mühsamer Prozess zu lernen, Konflikte auszutragen und Grenzen zu setzen. Allmählich gewinnst du Stärke, doch das wird viel Ausprobieren erfordern. Mal wirst du erfolgreich sein, an anderen Tagen nicht. Führe dir deine Erfolge immer wieder vor Augen, vielleicht tatsächlich dinglich: Sammele in einer schönen Schatulle die guten Erfahrungen, beispielsweise, indem du jeweils einen Stern hineinlegst.

Wenn du beim Grenzensetzen oder in einem Konflikt aus deiner Sicht nicht zufriedenstellend gehandelt hast, dann verzeih es dir, werte dich nicht selbst ab und bezichtige dich nicht wie vielleicht früher deine Mutter, wenn du einen »Fehler« gemacht hast. Schau in die Sternenschatulle und auf die Momente, in denen du bereits souverän warst.

Glaube an dein Glück

In dem Prozess der Veränderung kommen dir bestimmt manchmal Zweifel und du fragst dich, ob du jemals ein glückliches Leben haben wirst. Versuche auch dann, wenn es sehr schwer ist, an dein Lebensglück zu glauben. Schau auf die Momente, in denen du schon erfolgreich etwas verändert hast, öffne deine Augen für deine Fortschritte: Du bist auf deinem guten Weg.

Literaturhinweise und Internetquellen

Literaturhinweise

Campbell, Keith W. und Miller, Joshua D. (2011): »The Handbook of Narcissism and Narcissistic Personality Disorder«, New York: John Wiley and Sons.

Dilling, Horst und Freyberger, Harald J. (2019): »ICD-10«, 9. aktualisierte Auflage, Bern: Hogrefe.

Falkai, Peter und Wittchen, Hans-Ulrich (2018): »Diagnostisches und Statistisches Manual Psychischer Störungen DSM-5«, 2. korrigierte Auflage, Göttingen: Hogrefe.

Kernberg, Otto F. und Hartmann, Hans-Peter (2015): »Narzissmus: Grundlagen – Störungsbilder – Therapie«, 3. Nachdruck, Stuttgart: Schattauer.

Satir, Virginia (1996): »Kommunikation – Selbstwert – Kongruenz: Konzepte und Perspektiven familientherapeutischer Praxis«, Paderborn: Junfermann.

Willi, Jürg (2014): »Die Zweierbeziehung«, 2. Auflage, Reinbek: Rowohlt.

Wirtz, Markus Antonius (2020): »Lexikon der Psychologie«, 19. überarbeitete Auflage, Bern u. a.: Hogrefe.

Internetquellen

Brailovskaia, Julia und Bierhoff, Hans-Werner (2012): »Sensationssuchende Narzissten, Extraversion und Selbstdarstellung in sozialen Netzwerken im Web 2.0«, Journal of Business and Media Psychology 3, Heft 2, S. 43–56, www.journal-bmp.de, letzter Zugriff am 30.09.2020.

Degges-White, Suzanne (2018): »Love Bombing: Narcissists Leave your Heart on the Pavement«, Psychology Today, online unter https://www.psychologytoday.com/intl/blog/lifetime-connections/201812/love-bombing-narcissists-leave-your-heart-the-pavement, letzter Zugriff am 21.10.2020.

Diamond, Stephen (2008): »Essential Secrets of Psychotherapy: Repetitive Relationship Patterns«, Psychology Today, online unter https://www.psychologytoday.com/us/blog/evil-deeds/200806/essential-secrets-psychotherapy-repetitive-relationship-patterns, letzter Zugriff am 30.09.2020.

Dingfelder, Sadie F. (2011): »Reflecting on narcissism: Are young people more self-obsessed than ever before?«, American Psychological Association, Ausgabe 42 (2), S. 64, online unter https://www.apa.org/monitor/2011/02/narcissism, letzter Zugriff am 30.09.2020.

Fisher, Len (2014): »The Impostor Syndrome«, Psychology Today, online unter https://www.psychologytoday.com/us/blog/untangling-lifes-complexities/201403/the-impostor-syndrome, letzter Zugriff am 30.09.2020.

Lexikon der Psychologie, online unter https://www.spektrum.de/lexikon/psychologie/selbstzweifel/14017, letzter Zugriff am 24.11.2020.

Mauro, Marisa (2020), »The Narcissistic Family: Diagnosis and Treatment« https://www.psychologytoday.com/intl/blog/take-all-prisoners/201003/the-narcissistic-family-diagnosis-and-treatment, letzter Zugriff am 30.09.2020

Orlowski, Jeff (2020): »Das Dilemma mit den sozialen Medien« [Dokumentation für Mitglieder des Streamingdienstes einsehbar], online unter https://www.netflix.com/de/title/81254224, letzter Zugriff am 4.11.2020.

Romundstad, Solfrid und Svebak, Sven und Holmen, Jostein (2016): »A 15-Year Follow-Up Study of Sense of Humor and Causes of Mortality: The Nord-Trøndelag Health Study«, Psychosomatic Medicine, Ausgabe 78 (3), S. 345–53, online unter https://pubmed.ncbi.nlm.nih.gov/26569539/, letzter Zugriff am 30.09.2020.

Vachon, White und Lars O und Winkels, Rebecca (2013): »Wann Selbstgespräche krankhaft werden«, online unter https://www.welt.de/gesundheit/psychologie/article112937624/Wann-Selbstgespraeche-krankhaft-werden.html, letzter Zugriff am 30.09.2020.

van der Kolk, Bessel (1989), Psychiatric Clinics of North America 12(2): 389–411, »The compulsion to repeat the trauma. Re-enactment, revictimization, and masochism«, https://www.researchgate.net/publication/20490954_The_compulsion_to_repeat_the_trauma_Re-enactment_revictimization_and_masochism, letzter Zugriff am 15.11.2020.

LIEBE LESERINNEN UND LESER,

wir wollen Ihnen mit diesem Buch Informationen und Anregungen geben, um Ihnen das Leben zu erleichtern oder Sie zu inspirieren, Neues auszuprobieren. Wir achten bei der Erstellung unserer Bücher auf Aktualität und stellen höchste Ansprüche an Inhalt und Gestaltung. Alle Anleitungen und Rezepte werden von unseren Autoren, jeweils Experten auf ihren Gebieten, gewissenhaft erstellt und von unseren Redakteur*innen mit größter Sorgfalt ausgewählt und geprüft.

Haben wir Ihre Erwartungen erfüllt? Sind Sie mit diesem Buch und seinen Inhalten zufrieden? Wir freuen uns auf Ihre Rückmeldung. Und wir freuen uns, wenn Sie diesen Titel weiterempfehlen, in Ihrem Freundeskreis oder bei Ihrem Online-Kauf.

Sollten wir Ihre Erwartungen so gar nicht erfüllt haben, tauschen wir Ihnen Ihr Buch jederzeit gegen ein gleichwertiges zum gleichen oder ähnlichen Thema um.

KONTAKT ZUM LESERSERVICE

GRÄFE UND UNZER VERLAG
Grillparzerstraße 12
81675 München
www.gu.de

GRÄFE UND UNZER

Ein Unternehmen der
GANSKE VERLAGSGRUPPE

www.facebook.com/gu.verlag

IMPRESSUM

GU ist eine eingetragene Marke der GRÄFE UND UNZER VERLAG GmbH, www.gu.de

ISBN 978-3-8338-7745-2

1. Auflage 2021

Projektleitung: Anja Schmidt
Lektorat: Imke Rötger
Umschlaggestaltung und Layout: Independent Medien Design, Horst Moser, München
Coverillustration: Francesco Ciccolella, Wien
Autorenfoto: Bernhardt Link / Farbtonwerk
Herstellung: Petra Roth
Satz: Uhl + Massopust, Aalen
Reproduktion: Repro Ludwig, Zell am See
Druck und Bindung: Livonia Print, SIA

Die GU-Homepage finden Sie unter www.gu.de

Syndication: www.seasons.agency

Umwelthinweis:

Nachhaltigkeit ist uns sehr wichtig. Der Rohstoff Papier ist in der Buchproduktion hierfür von entscheidender Bedeutung. Daher ist dieses Buch auf PEFC-zertifiziertem Papier gedruckt. PEFC garantiert, dass ökologische, soziale und ökonomische Aspekte in der Verarbeitungskette unabhängig überwacht werden und lückenlos nachvollziehbar sind.

Wichtiger Hinweis

Die Gedanken, Methoden und Anregungen in diesem Buch stellen die Meinung bzw. Erfahrung der Verfasserin dar. Sie wurden von der Autorin nach bestem Wissen erstellt und mit größtmöglicher Sorgfalt geprüft. Sie bieten jedoch keinen Ersatz für persönlichen kompetenten medizinischen Rat. Jede Leserin, jeder Leser ist für das eigene Tun und Lassen auch weiterhin selbst verantwortlich. Weder Autorin noch Verlag können für eventuelle Nachteile oder Schäden, die aus den im Buch gegebenen praktischen Hinweisen resultieren, eine Haftung übernehmen.